華麗なグラスビーズ

おしゃれなビーズ織りを楽しむ

三浦明子監修

制作／長井恭子

作り方／パールのカラーとブローチ・ゴールドのカラー　80ページ

Glass Beads Work

制作／田村登和・寺門悦子

華やかな輝き

硬質感のある輝きを
メタリックなツイストビーズで
パーティードレスに合わせた
大人の雰囲気を

作り方／引き返し織りのネックレスとイヤリング　44ページ

Glass Beads Work

制作／星野佐恵子

春の訪れ

かげろうの彼方に咲き乱れる花・花・花
そんな小花のモチーフをパターン化して
デザインしてあります

作り方／手織りのネックレス・ブローチ・ブレスレット・イヤリング　60、61ページ

制作／寺門悦子

幾何模様で楽しむアクセサリー

単純な幾何模様のモチーフが
力強さと共にボヘミアン的なイメージに・・・

Glass Beads Work

制作／小井千寿穂

銀と黒のビーズで綾なす模様の不思議
小粋でお洒落な
ベルト兼用ネックレス

作り方／ベルト兼用ネックレス・ブレスレット・イヤリング　56ページ

Glass Beads Work

制作／佐久間なほみ

妖精からの贈り物

ベルギーに伝わる伝統的な古典柄をモチーフに
古いながらも新しい香りを感じさせてくれる
気品溢れる仕上がりになりました

作り方／ベルギーの古典柄のチョーカー・ブレスレット・リング　73ページ

Glass Beads Work

制作／武井房江

エメラルドグリーンのアクセサリー

メタリックなエメラルドグリーンと金の取り合わせが
何とも言えぬゴージャスさを醸し出します

作り方／チョーカー・ネックレス・ブレスレットリング　48、49ページ

Glass Beads Work

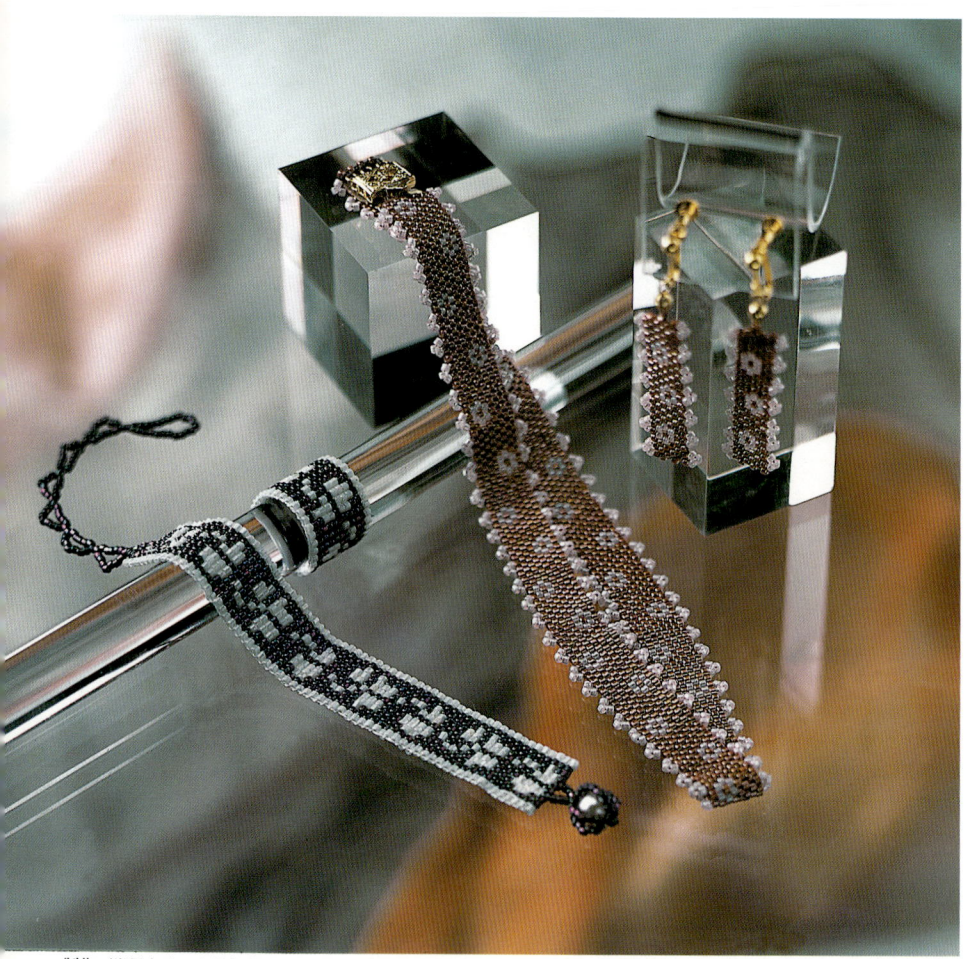

制作／岩男久子・小林和恵

プチアクセサリー

愛らしい小花模様のモチーフを
それぞれペアで作ってみました
気軽に身につけて楽しめます

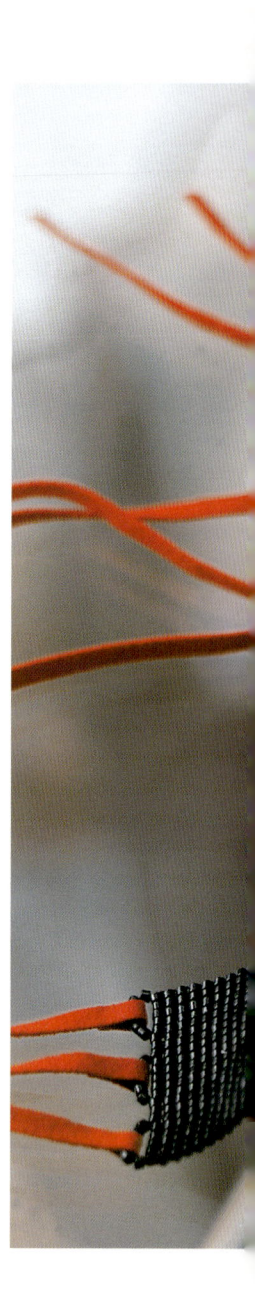

作り方／小花模様のチョーカー・イヤリング　62ページ

Glass Beads Work

制作／西原秀子

LOVE・ハート

黒地にワンポイント
深紅のハート
シンプルでキュートな
三点揃いのデザインです

Glass Beads Work

制作／三浦明子
作り方／ボールネックレスとイヤリング　45ページ

作り方／Aお花のピコットのネックレス　65ページ
　　　　B交差編みのネックレス　63ページ
　　　　Cレンガ織りのチョーカー　58ページ

制作／三浦明子・小林和恵
　　　富岡通江・長井恭子・浜口多喜恵

制作／菊池幸子・富岡通江・浜口多喜恵

お出かけのお洒落に

シックにも、カジュアルにも楽しめる
ネックレスやペンダント
香り袋としても使えるアムレット
是非、お出掛けのお供に

作り方／A手織りのアムレット　59ページ・B香り袋のペンダント　47ページ・Cダイヤ柄のアムレット　65ページ

Glass Beads Work

制作／佐久間なほみ

パーティーバッグとアクセサリー

アールヌーボー調のバッグとアクセサリー
ちょっとあらたまったパーティーに最適な
手作りの逸品です

作り方／シェーヌ・ベール のバッグ　84、85ページ・ブレスレット・イヤリング　72ページ

Glass Beads Work

お洒落なバッグ

麦の穂をモチーフにした巾着と
竹ビーズをふんだんに使った小振りで
お洒落なバッグです

制作／三浦明子・千葉きよ子

作り方／麦の穂の巾着　78,79ページ・竹ビーズのバッグ　81ページ

Glass Beads Work

制作／小池玲子・細野悠理子

小花模様のポシェット

水色と黒を基調に
小花模様の可憐なデザインで
左右対称柄のポシェットです

作り方／水色のポシェット　86、87ページ・小花模様のポシェットとブローチ　82、83ページ

モアレ柄のパーティーバッグ

黒地にモアレ柄のパーティーバッグと
シャープな三角柄のボータイ
斬新で華やかなデザインが
今宵の宴の主役です

制作／中野照美

作り方／モアレ柄のパーティーバッグ　88、89ページ

Glass Beads Work

制作／川端照美・小林和恵

スタイリング

清楚なホワイトパールと
ゴージャスなゴールド系のアクセサリー
それぞれのスタイルに合わせて
使い分けると便利です

作り方／ゴールドのネックレスとブレスレット・イヤリング　57ページ

Glass Beads Work

制作／久保田陽子・小林洋子

くつろぎ

ループフリンジのついた
スタンドカバーから漏れる灯りは
お部屋の雰囲気を
和ませてくれます

作り方／ピンクのバラのランプシェード　93～95ページ

Glass Beads Work

制作/三浦明子・小井千寿穂・浜口多喜恵

フォルクローレ

ツイストビーズのチョーカーと
香り袋のペンダント
どことなく
フォルクローレの香りがします

作り方/ツイストビーズのチョーカーA・B　55ページ・香水入れのペンダント　47ページ

Glass Beads Work

制作／檜貝俊枝

織りとネットのブレスレット

花模様とネットの
ブレスレットとイヤリング
その時のスチエーションに
合わせて楽しみましょう

作り方／ネットのブレスレットとイヤリング・花模様のブレスレットとイヤリングと指輪　68、69ページ

Glass Beads Work

制作／関本節子・西原秀子

何となくお洒落に

幾何模様の小物入れと
グラスコート
身の回りにこんな小物を揃えて
何となくお洒落に

Glass Beads Work

制作／富岡通江

語らい

花模様・万国旗・ストライプ・・・
思い思いのデザインで
オリジナルの携帯ストラップを

作り方／携帯ストラップA〜E　92ページ

Glass Beads Work

制作／小林和恵・佐久間なほみ・寺門悦子

コサージュ

胸元を和ませてくれる
一輪の花

Glass Beads Work

A
C
D
B
E
G
F

制作／三浦明子・高野雪子・寺門悦子・西原秀子

リング・リング

カットビーズやスワロフスキービーズは
思いがけなく
シンプルになったりゴージャスになったり
個性溢れる指輪作りが楽しめます

作り方／Aモノトーンのパールリング・Bカット玉のリング・Eブルーリング
・Fクリスタルリング・Gパールリング　54ページ
C3連交差のリング・D交差のリング　52ページ

Glass Beads Work

制作／三浦明子・岩男久子・小林和恵・寺門悦子・西原秀子

春の訪れ

春は心のときめき
さりげないお洒落に欠かせないのが
手首で揺れるブレスレット
お洒落の楽しみが増えます

作り方／ブレスレットA・B・C　63ページ・D　62ページ

Glass Beads Work

制作／板橋美代子

ちょっと工夫のペンダント

作り方／三角模様のペンダントA・B・ペンダントブローチ　46ページ

Glass Beads Work

制作／野口紀代子・中野照美

心遣いのある小物

バラがモチーフのナプキンリングとティッシュケース
ワイングラスもちょっと気取って装いを
爽やかな心遣いに乾杯！

26　作り方／バラのナプキンリング・ティッシュケース　75〜77ページ・ワイングラスの飾り・カード立て　70、71ページ

Glass Beads Work

赤い屋根の小物入れ

オリジナルのデザインで
身の回りの小物を作ってみるのも
楽しいものです
そんな自分好みのケースを
バッグに忍ばせて

制作／小林和恵・富岡通江・西原秀子

作り方／赤い屋根の小物入れ　64、65ページ・ニワトリのカードケース・小花のカードケース　50、51ページ

Glass Beads Work

制作／菊池幸子・高野雪子

キュートな髪飾り

キュートに輝く髪飾り
花模様のカチューシャと
フリンジのついたバレッタで
お洒落を楽しんでみては・・・

作り方／花模様のカチューシャ　53ページ・バレッタ　52ページ

Glass Beads Work

ビーズ織りのテクニック

ミニ織り機を使って織る

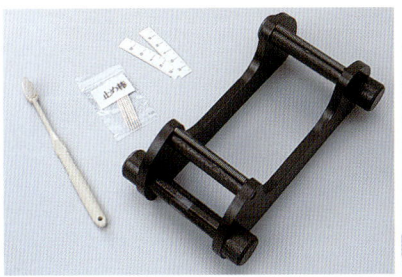

ミニ織り機・歯ブラシ・止め棒・メジャーテープ

メジャーテープの張り方

糸の長さは、必要寸法を10本ずつ束ねます。(押さえ棒のとき)

■ 止め棒を使ってたて糸を張る方法 ■

織り機大・小共にラセン棒からラセン棒の間で織り上げられる寸法のものに使います。1本の糸を必要本数張る方法です。大きな織り機でたて糸の本数を多く張る時は、止め棒を2～3箇所使うと糸張りや糸引きが楽に出来ます。

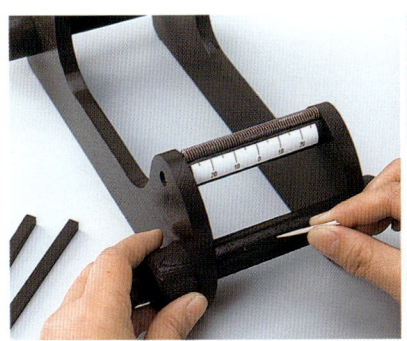

1. 止め棒（楊枝）を両方の巻き取り棒の穴に差し、しっかりと立てます。

2. 糸端をセロハンテープで止め、止め棒に3回糸を巻き付けます。

3. 手前から向こう側のラセンの間に糸を通し、止め棒に巻き戻ります。

4. 糸が平行になるように左から右へとかけていきます。

5. 縦糸が張り終わったら、右端に糸をセロハンテープで止めます。

■ 押さえ棒を使ってたて糸を張る方法 ■

たて糸を巻き取り長いものを織るときに使います。織り上がりのたて糸は織り地の中に入れ込みます。作品によってはたて糸にビーズを入れたり、ダルマチップでたて糸を始末するネックレスなどに使う方法です。

1. 10本ずつ束ねた糸を張ります。

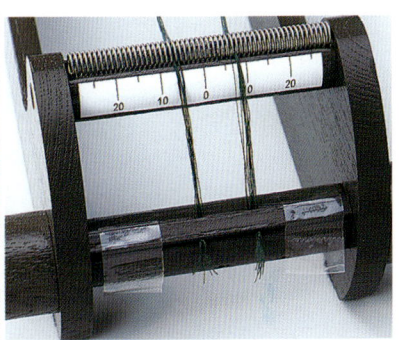

2. 糸端を押さえ棒で押さえ、セロハンテープで両端を止めます。

29

Glass Beads Work

3. クシかブラシで糸をすきながら、ラセンの間に入れていきます。

4. 向こう側のラセン上に糸を渡し、きちんと整えます。

5. 渡した糸をピンと張り、ラセンの上をセロハンテープで止めます。

6. 押さえ棒で押さえます。

7. 巻き取り棒の両端の押さえ棒の上をセロハンテープで止めます。

■ 織り方 ■

1. たて糸の端に織り糸（よこ糸）を結びます。

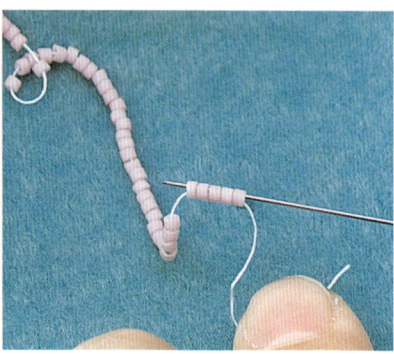

2. ビーズを針に通します。

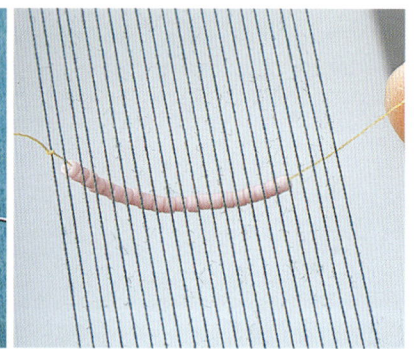

3. たて糸の下をくぐり右側に針を出します。

4. たて糸の間にビーズを挟みます。

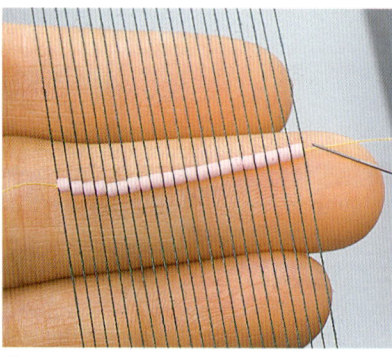

5. 左手の中指でビーズを下から押し上げます。

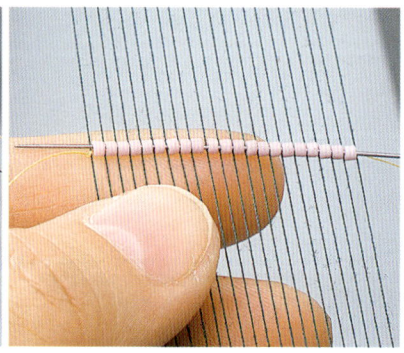

6. たて糸の上をビーズに針を通して織っていきます。

Glass Beads Work

■ 糸の見えない減らし目の仕方 ■

7. 2～6の繰り返しで、14段織ります。

8. たて糸の下をくぐり、ビーズ1粒通します。

9. 針を抜き糸を出します。

10. 両端のビーズを1粒ずつ減らして3段織ります。

11. 針をたて糸の下から入れ、2粒ビーズを通し糸を出します。

12. 2粒ずつ減らしながら、3段織ります。

13. 14. 15. よこ糸をたて糸に結びます。

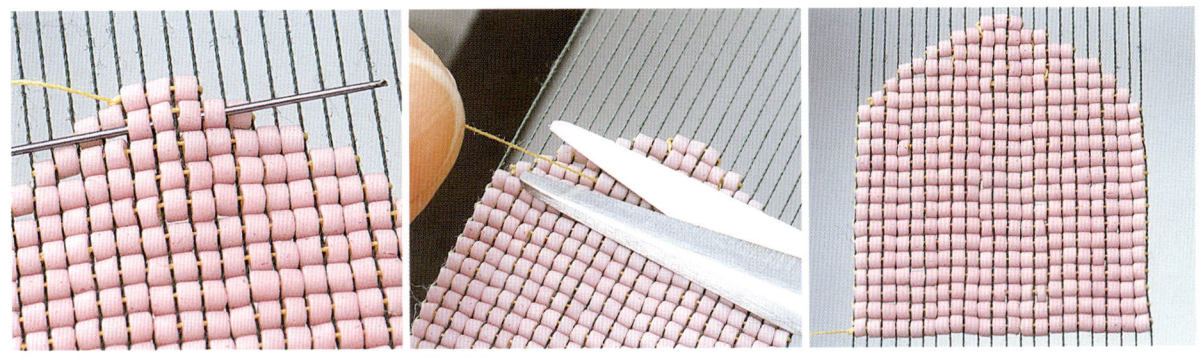

16. 残りの糸をビーズに通します。

17. 18. 3段ほど糸を通しハサミで切り、完成です。

31

■ 糸目の見えない増やし方 ■

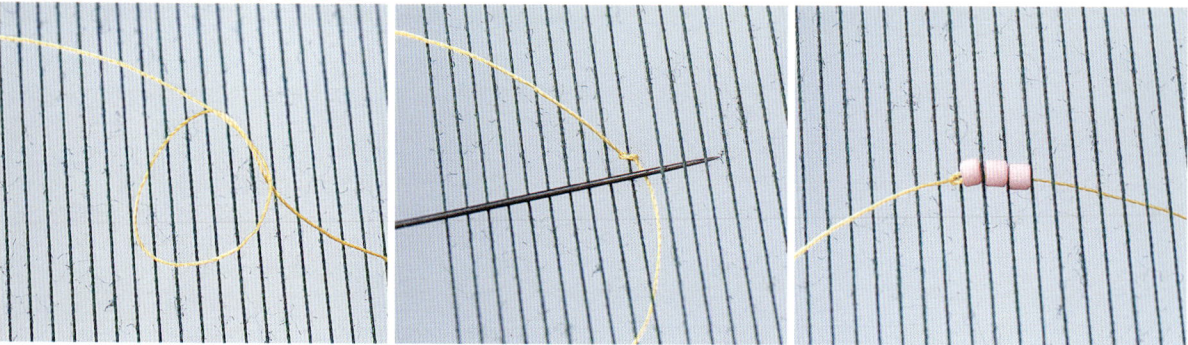

1. 左端から10本目のたて糸によこ糸を結びます。

2. しっかりと糸を結んで、針を結び目の右側の下に出します。

3. よこ糸にビーズを3粒通し、たて糸の間に挟みます。

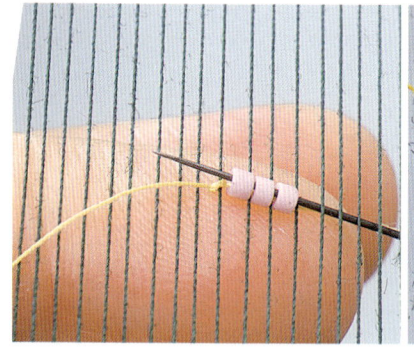

4. 針をビーズに通し、たて糸の上に出します。（1段目）

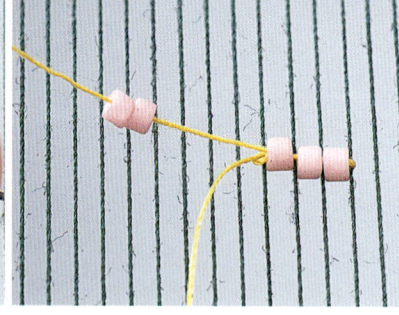

5. 4の糸にビーズ2粒を通します。

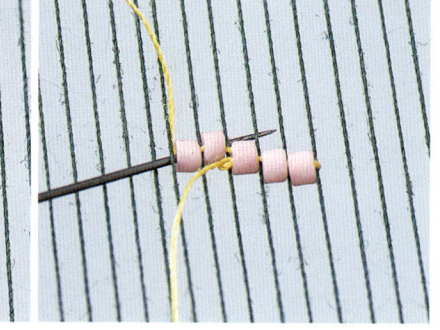

6. 2粒だけたて糸の下から針を通します。

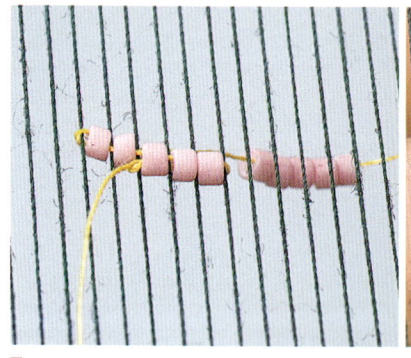

7. ビーズを5粒すくいます。

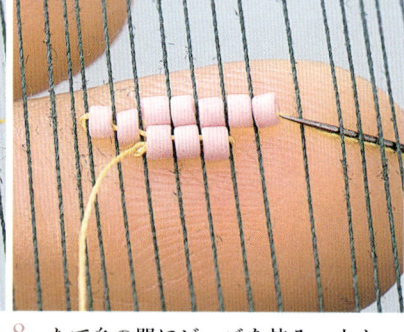

8. たて糸の間にビーズを挟み、上から針を入れます。

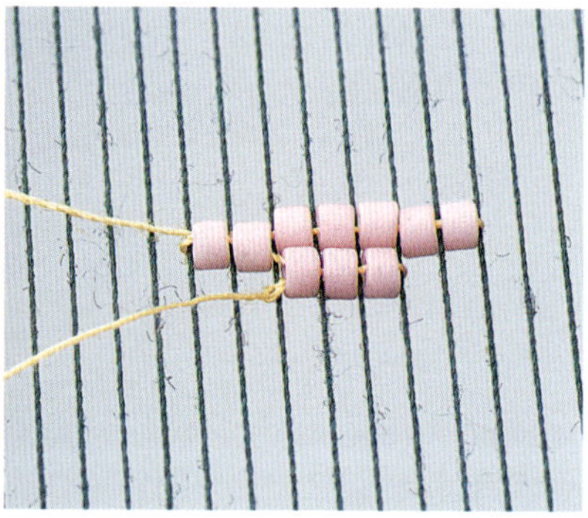

9. ビーズに針を通し、左端で糸を引きます。

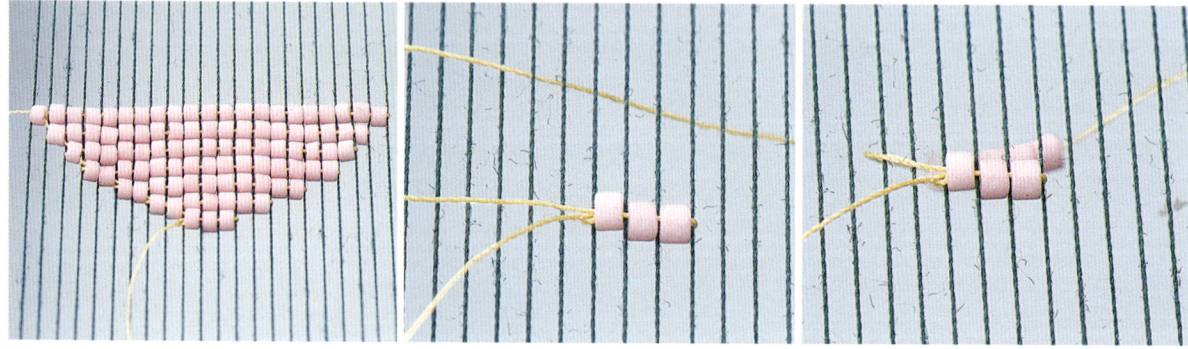

10. 5～9の繰り返しで増やし目しながら7段織ったところです。

■ 糸目が見える増やし方 ■

1. 1段目を織ったビーズの手前2本と3本目の糸の間から針をくぐらせ、右端に糸を出します。

2. 1の糸にビーズを7粒通します。

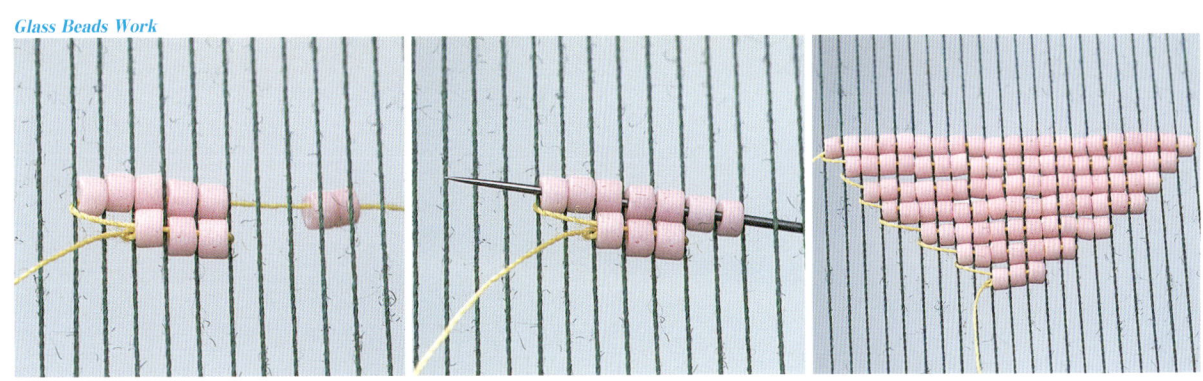

Glass Beads Work

3. たて糸の間にビーズを挟みます。

4. 針をたて糸の上から通し、糸を引きます。

5. 両端2粒ずつ増やし目をしながら7段織ったところです。

■ 完成作品のはずし方（止め棒）■

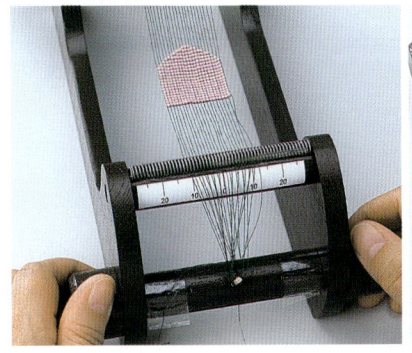

1. 巻き取り棒をゆるめます。

2. 両手でたて糸の両端を押し上げ、止め棒（つま楊枝）からはずします。

■ 糸の始末の仕方（たて糸を引いて始末する方法）■

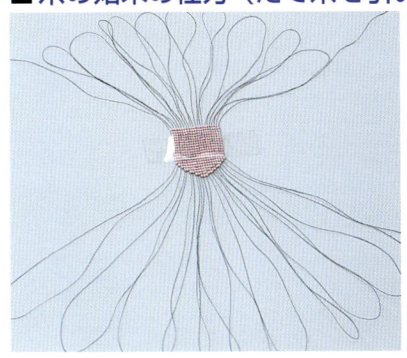

1. 作品を平らな上に置き糸が重ならないように広げ、セロハンテープで止めます。

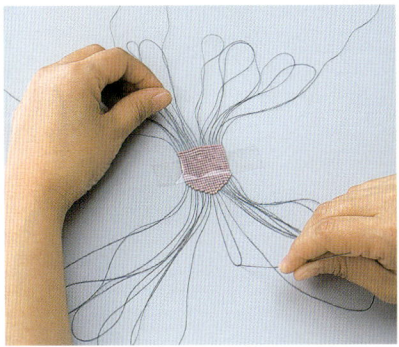

2. たて糸を中心から、糸の輪の部分に針先を入れて左方向に引いていきます。

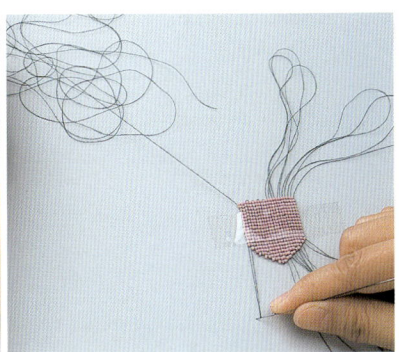

3. 引き過ぎるとつれるので余裕を持たせ（針1本位のゆるみ）、左端まで引いていきます。

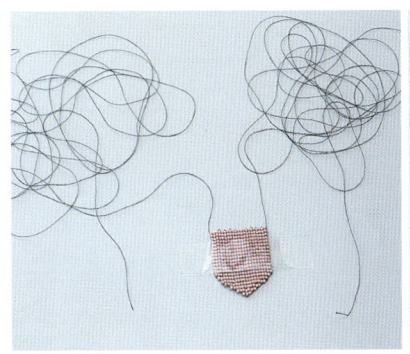

4. 糸がからまないように、右側も同様に糸を引いていきます。

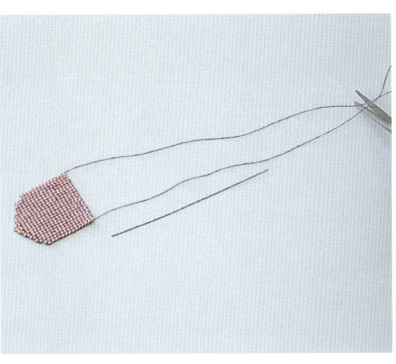

5. 糸始末をする長さを残して切ります。

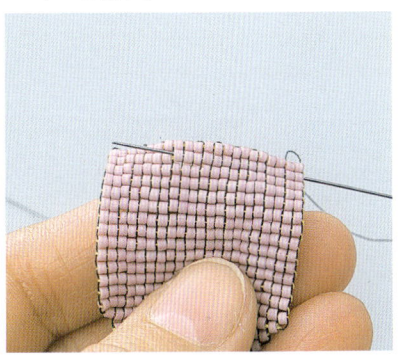

6. 針に糸端部分を通し、ビーズの中を通します。

33

Glass Beads Work

7. もう一方の糸端を同じくビーズの中を通し、同じ場所の一段下に出します。

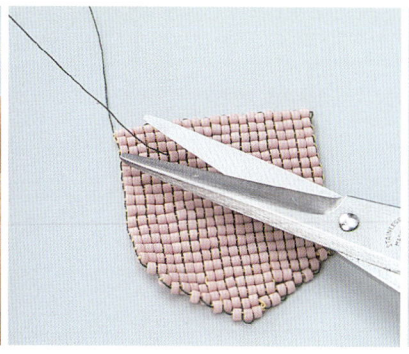

8. 両方の糸を結び始末します。

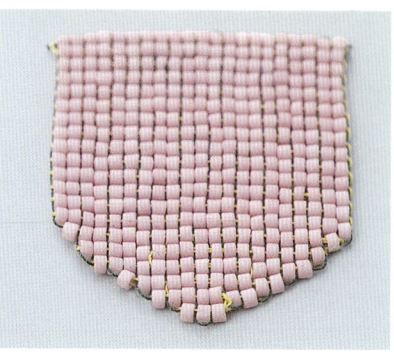

9. 完成です。

■ 糸のつなぎ方 ■

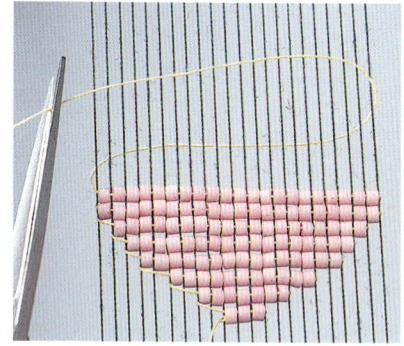

1. たて糸幅の2倍の長さに切ります。

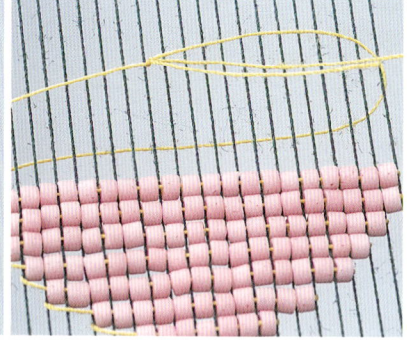

2. イ〜ニの順ではた結びをします。

3. ビーズを拾い、結び目を通します。

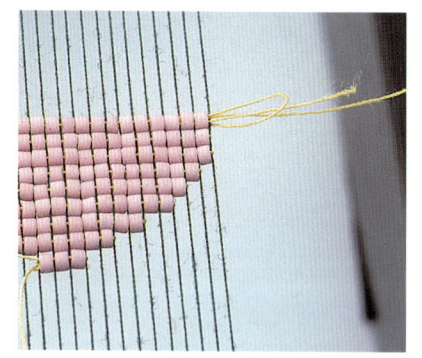

4. 結び目は自然にビーズの中に隠れます。

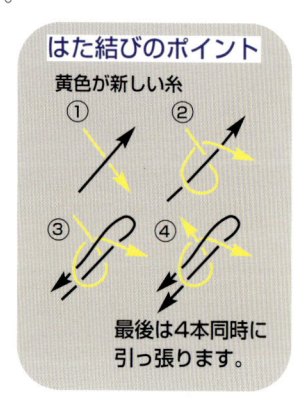

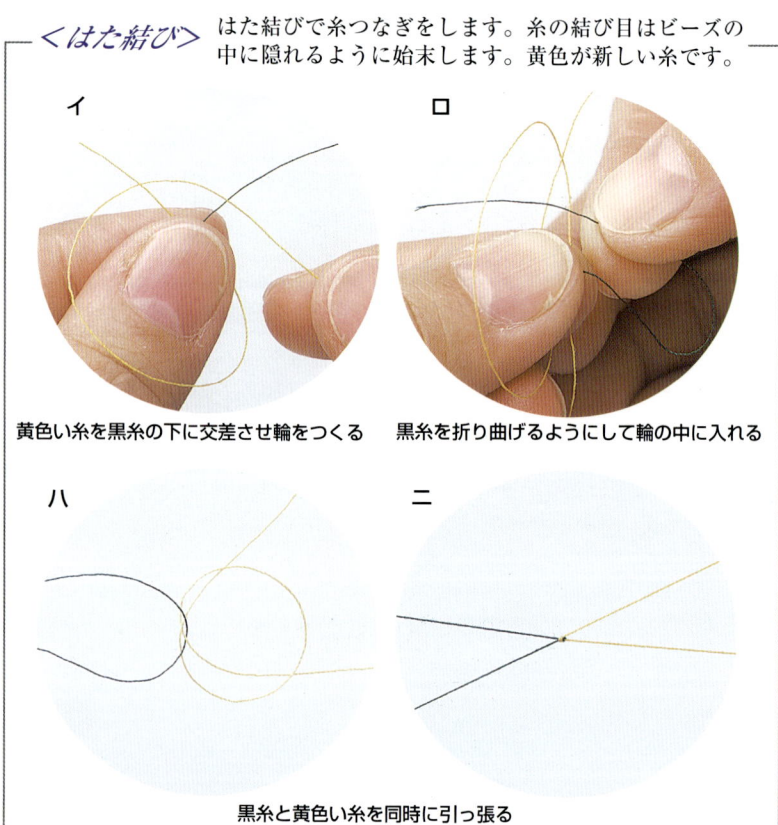

はた結びのポイント
黄色が新しい糸
① ② ③ ④
最後は4本同時に引っ張ります。

<はた結び> はた結びで糸つなぎをします。糸の結び目はビーズの中に隠れるように始末します。黄色が新しい糸です。

イ 黄色い糸を黒糸の下に交差させ輪をつくる

ロ 黒糸を折り曲げるようにして輪の中に入れる

ハ

ニ 黒糸と黄色い糸を同時に引っ張る

Glass Beads Work

<ピコットの作り方>

1．2．3．2段目に針を出し3粒通し、3段目に針を入れて4段目に出し、3粒通し5段目に糸を通し、これを繰り返します。

<フリンジの作り方>

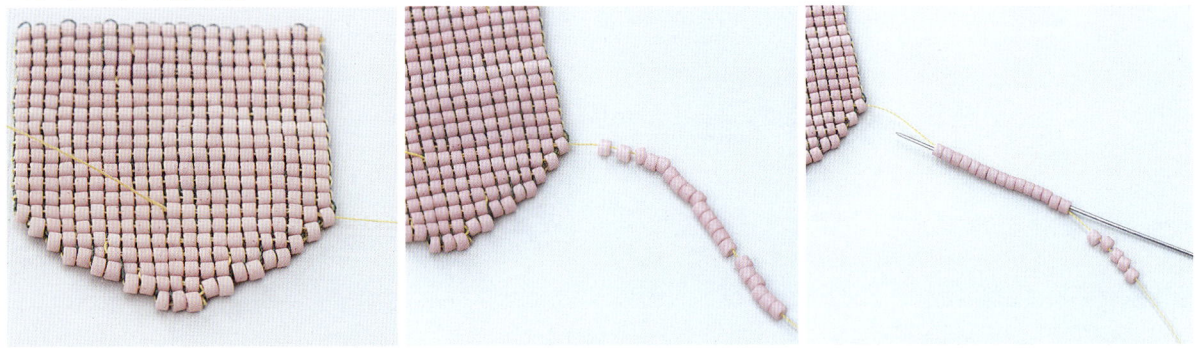

1．中心より針を入れ、右端下より糸を出します。

2．ビーズを19粒通します。

3．5粒残して針をビーズに通します。

4．糸を引きます。

5．きちんと糸を引くと、1本のフリンジができます。

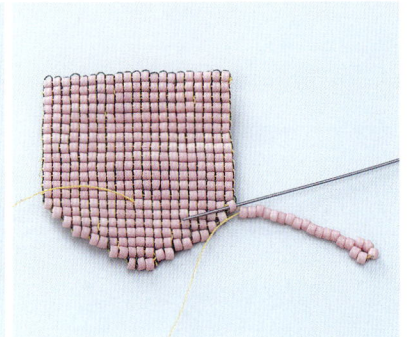

6．右端のビーズ1粒を通り2本目のフリンジを作ります。

7．繰り返して22本のフリンジを作ります。

8．糸を結び、糸始末をします。

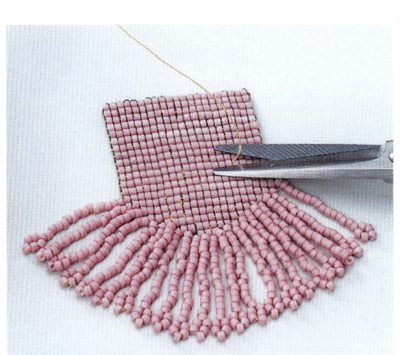

9．糸を切り、でき上がりです。

Glass Beads Work

＜ネックレスの留め金具の付け方＞

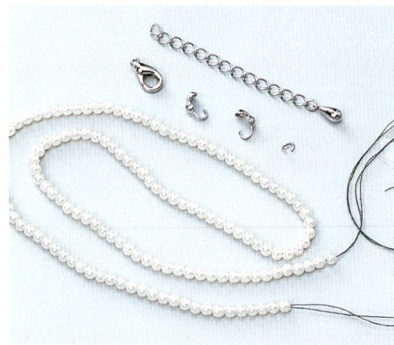

1. ビーズを通したネックレス・アジャスター・引き輪・ダルマチップ

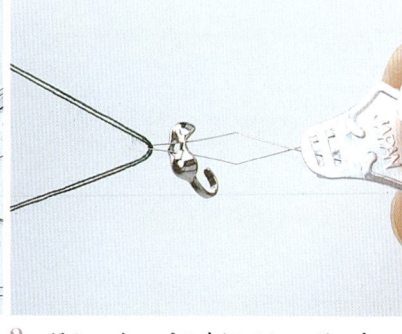

2. ダルマチップの穴にスレッダーを入れ糸を通します。

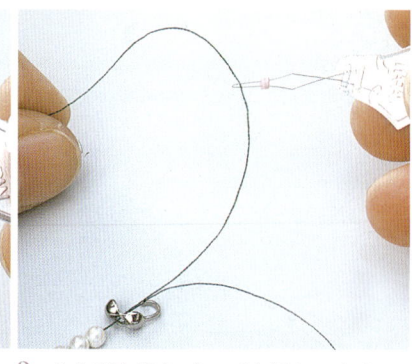

3. 糸を引き出しビーズを通してから、糸を結びます。

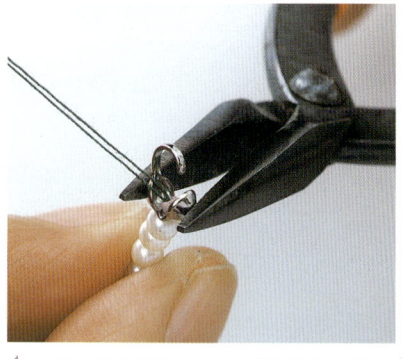

4. ペンチでダルマチップを締めアジャスターを付けます。

5. アジャスターを付けます。

6. もう一方のダルマチップに引き輪を付けます。

＜ブローチの金具の付け方＞

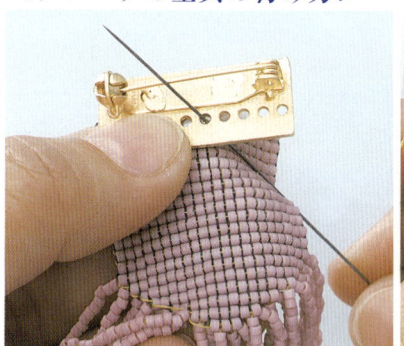

1. 糸は2本どりで金具の中心から、2段目の位置に針を通します。

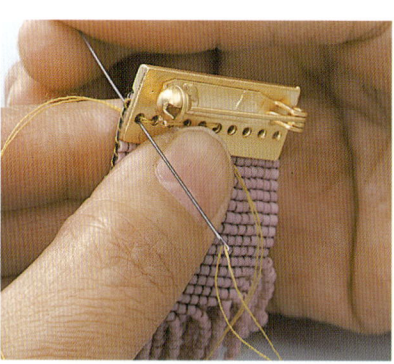

2. 左端まで糸がつれないように縫い進み、止めていきます。

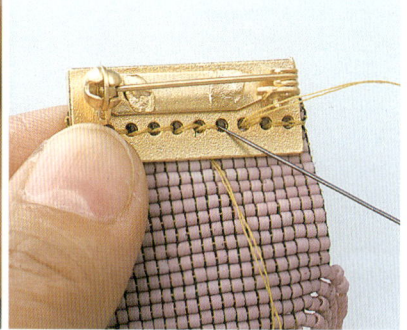

3. もどり縫いをして、右端まで進みまた中心まで戻ります。

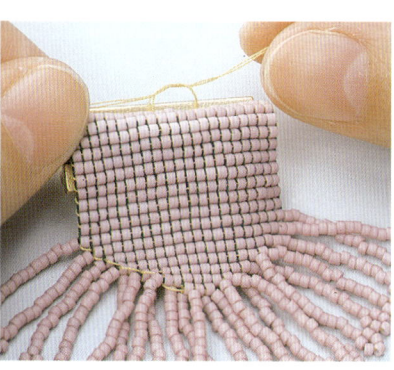

4. 最初に針を入れた位置に針を出します。

5. 付け始めの糸と付け終わりの糸を結びます。

6. 完成です。

Glass Beads Work

織り機（大）を使って織る〔ダブル織り〕

織り機（大）　歯ブラシ　メジャーテープ

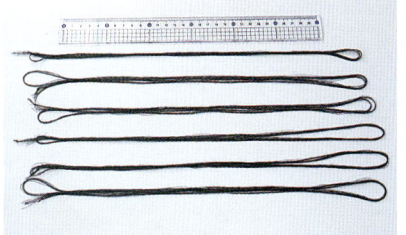

必要なたて糸（10本束ねたもの）と長さ（織り機の4倍＝約180cm）

●たて糸の寸法のとり方

織り上がり寸法＋(織り機のたての寸法×2)＋50cm

たて糸をダブル（約5cm＝小作品）にすると、糸を引くだけで糸始末ができます。作品によってダブルにする寸法は異なりますが、例えばひも通しのある巾着などは、ひも通しより約2cm下までダブルにします。タペストリーなどは始めと終わりのダブルを中央まですると全体のたて糸が2本になり、しっかりします。

■糸の張り方■

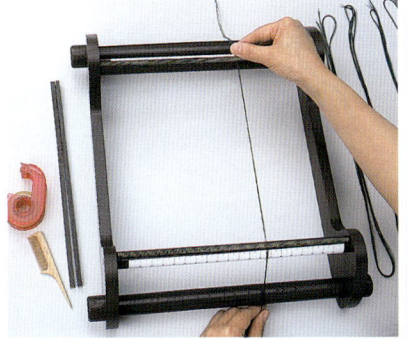

1. 手前の棒に束ねた10本の糸をセロハンテープで止め、向こう側に渡します。

2. 6束を向こう側に渡し、手前を押さえ棒で押さえセロハンテープで固定させます。

3. ピンセットで糸をラセンの間に入れていきます。

4. 糸が浮かないようにセロハンテープで押さえます。

5. 歯ブラシやクシを使って糸を整え向こう側のラセンに渡します。

6. 糸巻き棒に糸返し分(約60cm)を残し巻き取り、糸がずれないようにセロハンテープで押さえます。

7. 糸をクシですきながらきれいに整えます。

8. 糸を押さえ棒で押さえへ、両端をセロハンテープで固定します。

■織り方■

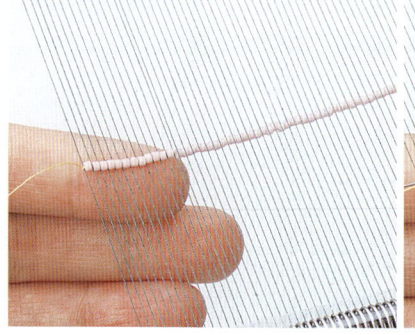

1. 左端のたて糸によこ糸を結び下からビーズを通し、糸と糸の間に入れます。

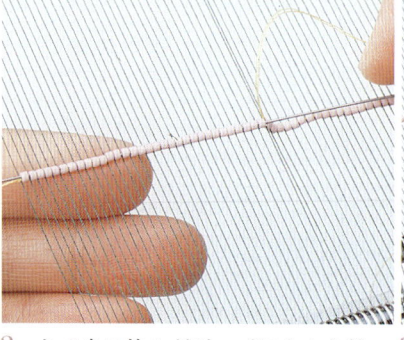

2. たて糸に挟んだビーズに上から針を入れて1段織ります。(止め織り)

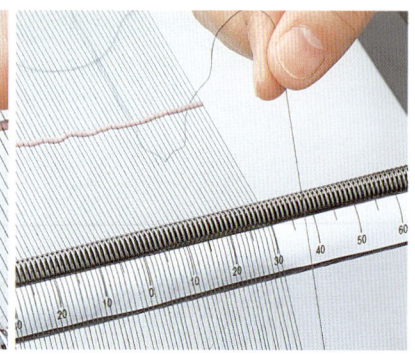

3. ラセン上の糸に合わせて向こう側のラセン上に丁寧に渡し、ダブルにします。

4. 続けて糸をダブルに渡していきます。

5. 向こう側のラセンの上に糸がはみ出さないようにします。

6. セロハンテープで押さえます。

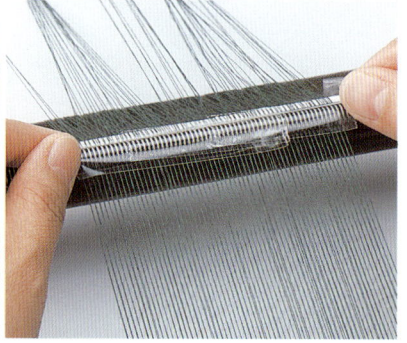

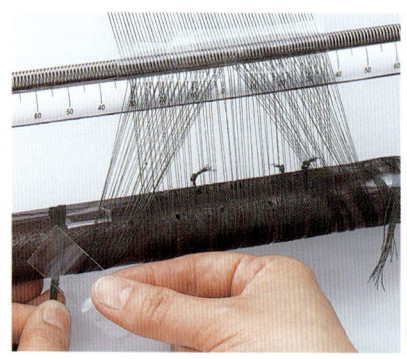

7. 渡した糸端は左右に分けて、巻き取り棒に巻き付けセロテープで止めます。

8. ダブルの糸を1本のたて糸として織っていきます。

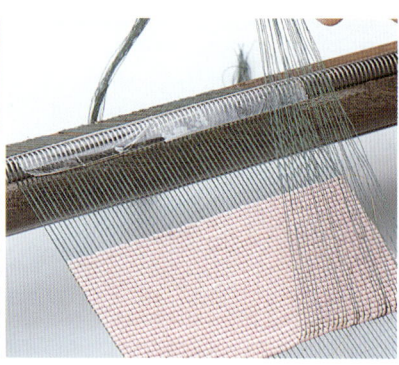

9. 5cm織り、ダブルにした糸をはずし、始めの1本の糸にします。

10. はずした糸を手前の巻き取り棒に固定します。

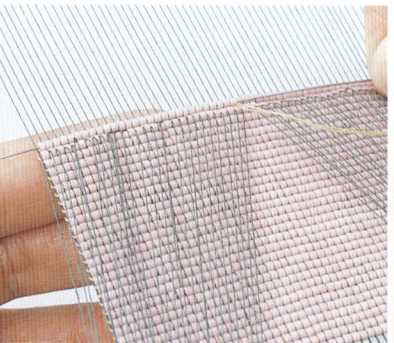

11. 仕上げ寸法の5cm手前まで織っていきます。

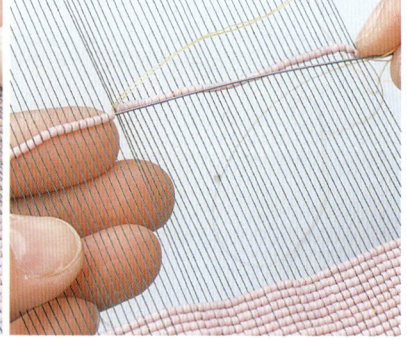

12. 向こう側をダブルにするため、別糸にして5cm先を1段織ります。(止め織り)

Glass Beads Work

13. ダブルにする糸をはずし、織ったビーズの間に入れていきます。

14. ダブルにした糸を巻き取り棒に止めます。

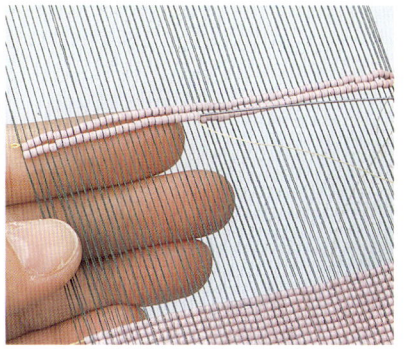

15. 別糸でダブルの1段を織り、シングルの（今まで織ってきた）方に下げます。

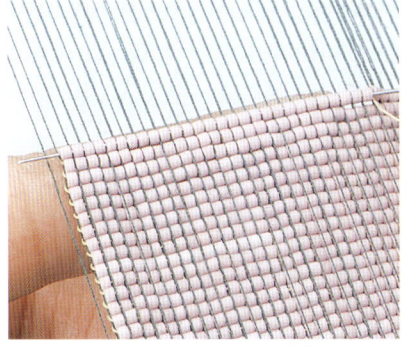

16. シングルから出てる糸と15の糸をはた結びし、ダブルで織り進みます。

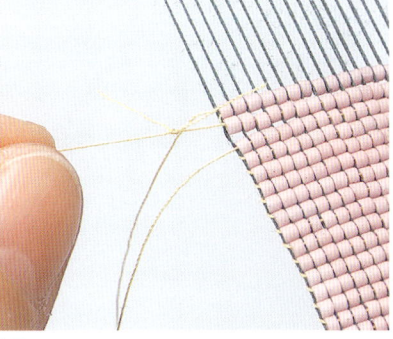

17. シングルの一段（止め織り）の糸と織り終わりの糸を結びます。

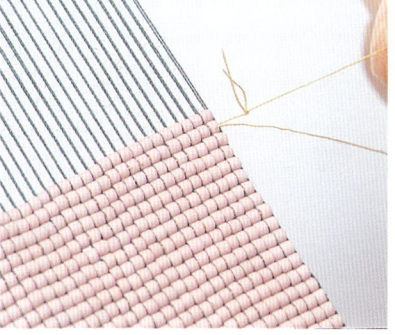

18. 右端に出した結び目はビーズにくぐらせ、見えないように始末します。

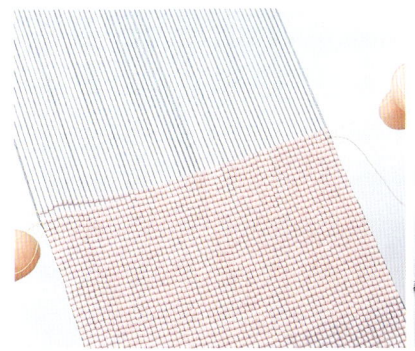

19. 両端に出た糸端は糸始末をしてハサミで切ります。

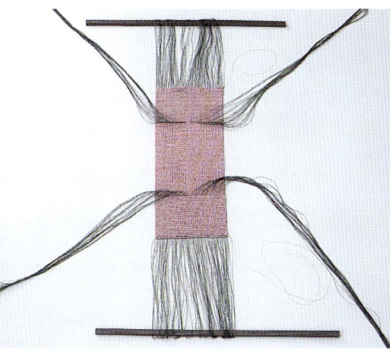

20. 織り終わったら、織り機からはずします。

21. 余分な糸は切り揃え、糸引きの準備をします。

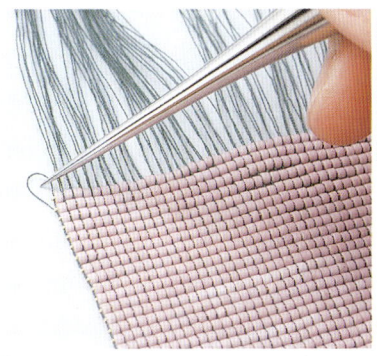

22. 端から1本ずつからまないように、ピンセットの先を輪の中に入れて引きます。

23. 引いた糸を3〜5cm残して切り揃えます。

24. 上段：裏側の完成。
　　下段：表側の完成。

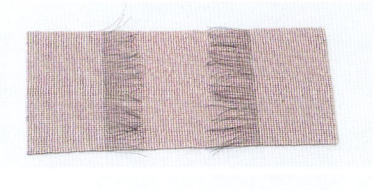

39

Glass Beads Work

<綴じ方>

1. 共糸を通した針に、2粒ずつのビーズを通します。糸は2本取りです。

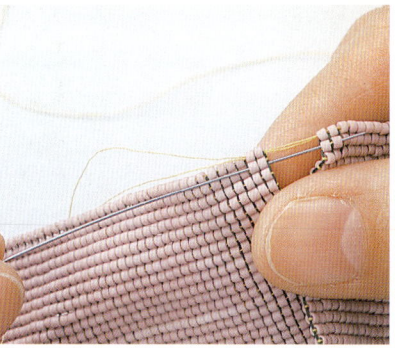

2. 下の2粒ずつをすくって戻ります。

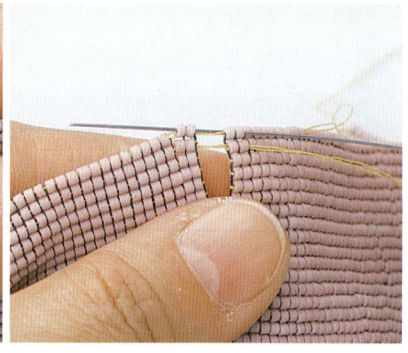

3. コの字形ではいでいきます。

4. 同じ要領で、必要なところまではぎ合わせます。

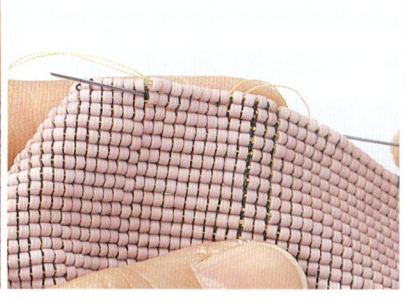

5. コの字形で、はぎ合わせの始めに戻り、ビーズの中をくぐらせます。

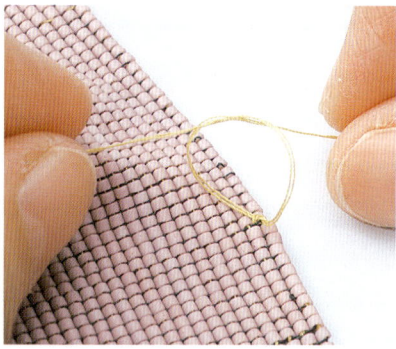

6. 糸端と糸端を結んで、ビーズの中を通し込んで始末します。

<ループの作り方>

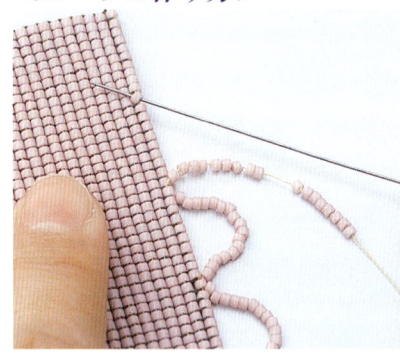

1. 左端から1粒すくい16粒糸に通し、8粒あけて9粒目をすくっていきます。

2. 最後のビーズに糸を通し、よこ糸をすくい、しっかりと止めます。

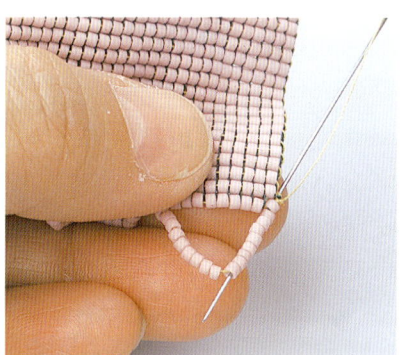

3. 2段目は最後のループの8粒に針を通します。

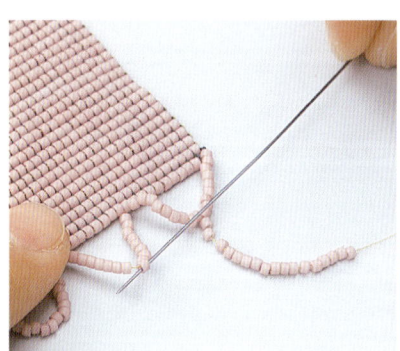

4. 16粒ビーズを通し、2つ目のループの中心をすくいます。

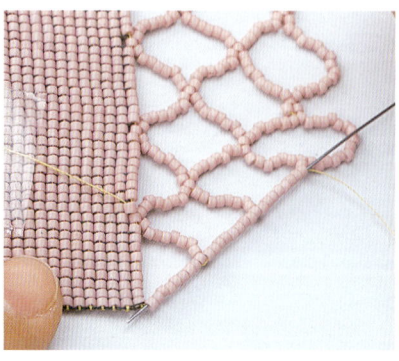

5. 同じ要領で4段のループを作り、最後は作り始めに針を出し戻ります。

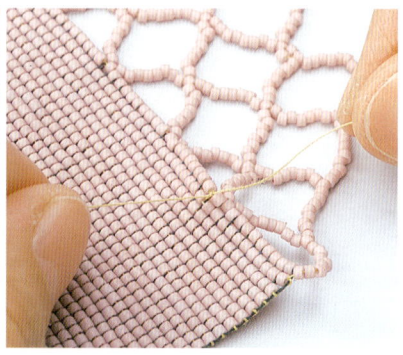

6. 作り始めの糸と作り終わりの糸を結び、ビーズの中に引き入れて始末します。

―華麗なグラスビーズ―
おしゃれなビーズ織りを楽しむ

はじめに

　ビーズをじっとながめていると、その美しさに魅せられてしまいます。輝きの中に美しい透明感と、木漏れ日に見る、あの半透明にも似た、ビーズの持つ独特な美しさを誰もが感じることでしょう。
　私はこの、ビーズの美しさがとても好きです。ビーズで身を飾るあらゆるもの、また、部屋を彩るものなど、制作することの楽しさ、喜びはたとえようもありません。
　ビーズに明け暮れして35年あまり、本格的にビーズ刺繍を学んだり、また、ビーズ織りの元祖ともいえるインディアンヘッドなど、蒲鉾板を駆使して織ったものです。このようにして織り機の研究をしていた昔が、なつかしく思い出されます。
　この本が多くの愛読者を、美しいビーズの世界へと導いてくれることでしょう。ここに、今回マコー社のお力添え、そして多くの皆様の協力を得て、1冊のビーズの宝石箱ともいえる本を出すことができました。多くの人々の協力を深く感謝いたします。

三浦　明子

材料と用具

ビーズ手芸の糸始末、仕上げに必要な材料や用具と、織り上ったビーズ作品を、バッグやアクセサリーにするために必要な用具です。

写真1

写真1（織り機大・小）

①**織り機（小）**…53目まで織ることができる。ブローチ、エンブレム、タイなど小さいものを織るときに使う。

②**織り機（大）**…180目まで織ることができる。バッグ、額、タペストリーなど大きいものを織るときに使う。

③**ブラシ**…織り糸を整えるときに使う。

④**止め棒**…糸張りに使う。

> **止め棒の使い方**（つまようじ状のもの）
> 縦糸の本数が多くなると、止め棒に糸が重なりすぎ、糸張りの作業と最後の糸引きが困難になります。次の通り止め棒の本数を増やして作業します。
> ①縦糸が30～33本ぐらいまでは1本の止め棒でよい。
> ②縦糸が30本以上になる場合、適宜止め棒を2、3本使います。
> ③縦糸を止め棒の本数に分けて糸張りします。
> ④織る作品の形や大きさにより止め棒を使います。
> 例）ランプシェードの場合、止め棒を上下各3本ずつ使用。

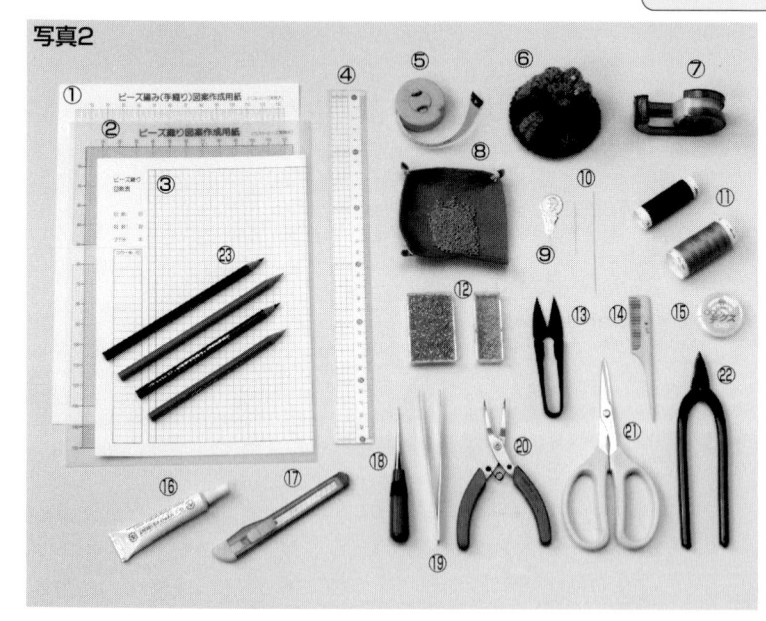

写真2

写真2（材料・用具）

①**図案作成用紙**…A4判、ビーズ用方眼紙で、ビーズ織り図案作成用紙。

②**図案作成用紙**…A4判、トレーシングペーパーのビーズ実物大（ビーズ用方眼紙）、ビーズ織り図案作成用紙。

③**目数製作用紙**…B4判（ビーズ用方眼紙）、製作図案をビーズの数で表わすときに使う。

④**物差し** ⑤**メジャー** ⑥**ピンクッション**

⑦**セロテープ**…糸張り、糸引きに使う。

⑧**ビーズトレー**…ビーズを針で拾うときに使う。10cm角のフェルトを3カ所とじたもの。

⑨**スレーダー（糸通し）**…ビーズ針に糸を通すときに使う。

⑩**針**…織り用針（大）、とじ用針（小）。針は必ず必要です。

⑪**糸**…ポリエステル系60番で、ビーズの色に合わせて使う。

⑫**ビーズ**…アンティークビーズ（丸小、角小）、ベストビーズ、穴が大きく、軽く織りやすい。特殊技術で製造した織り専用のビーズ。

⑬**ハサミ**…糸切りに使う。

⑭**ミニくし**…糸張りに使う。

⑮**テグス**…織り物によっては縦糸、横糸にも使う。号数が大きくなるほど太くなる。

⑯**ボンド**…金具つけや糸始末などに使う。

⑰**カッターナイフ**

⑱**目打ち**…糸引きや、折り目を整える。

⑲**ピンセット**…織り機のラセンに、糸を掛けるときや糸引きに使う。

⑳**ビーズ割り**…拾いすぎたビーズを割る。穴に針を入れて割ると糸が切れない。

㉑**ハサミ**…ワイヤー、Tピン、9ピンなどを切るときに使う。

㉒**ペンチ**…ネックレス、イヤリングなどの仕上げに使う。

㉓**鉛筆**…色鉛筆は図案の配色をするのによい。

写真3（工具）
①**ヤットコ**…つなぎ輪をつけるとき、Tピン、9ピンだるまチップを曲げる、折るときに使う。
②**ピン曲げヤットコ**…Tピン、9ピンの先を丸くするときに使う（右はヤットコの先端）。

写真4（バッグ用金具）
①**バッグ口金**…ハンドバッグの口金に使用。
②**バッグ持ち手**…口金付きハンドバッグの持ち手。

写真5（アクセサリー用金具）
①**バレッタ**…髪飾りに使う。
②**ブローチ金具メッシュタイプ**…織り地に金属部を出したくないときに使う金具。
③**ブローチ金具**…織りのブローチに使用。
④**シャワーブローチ金具**…コサージュなどに使用。
⑤**キャップ（小）**…おもにネックレスの先端の始末に使う。
⑥**キャップ（大）**…⑤と同様。
⑦**座金**…ネックレス、ペンダントの始末、大きなビーズとビーズの間に飾りとして入れる。
⑧**イヤリング金具**…ネジバネ式のイヤリング金具。
⑨**クラスプセット**…ネックレスの止め具、用途によって一連、二連、三連などがある。

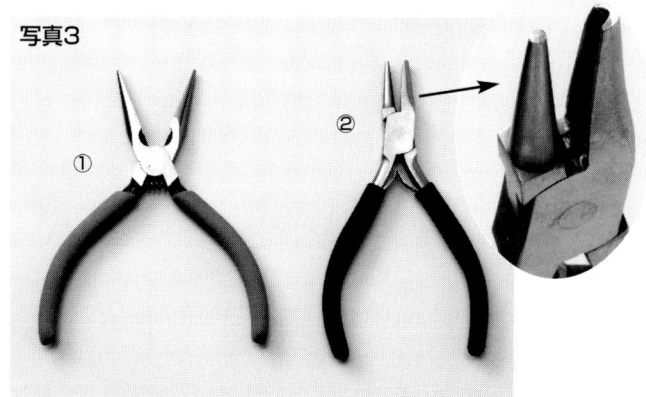

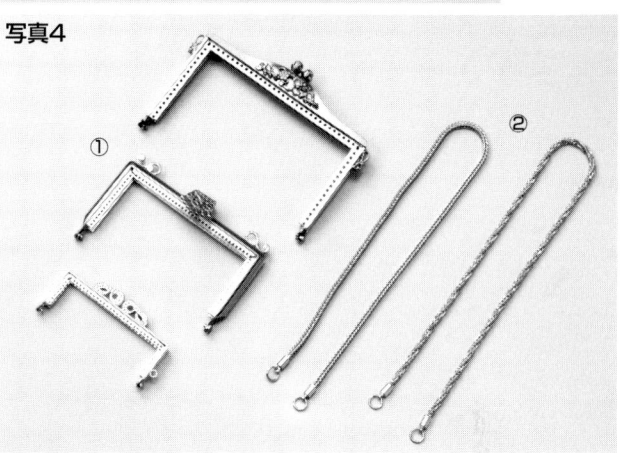

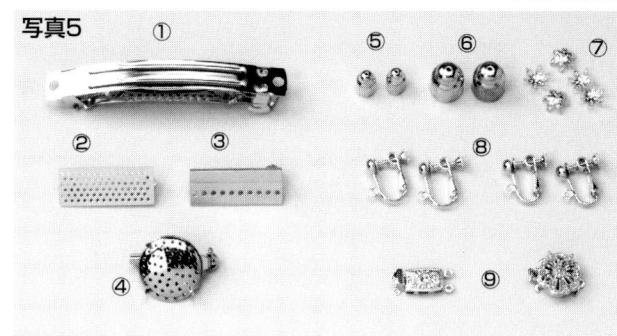

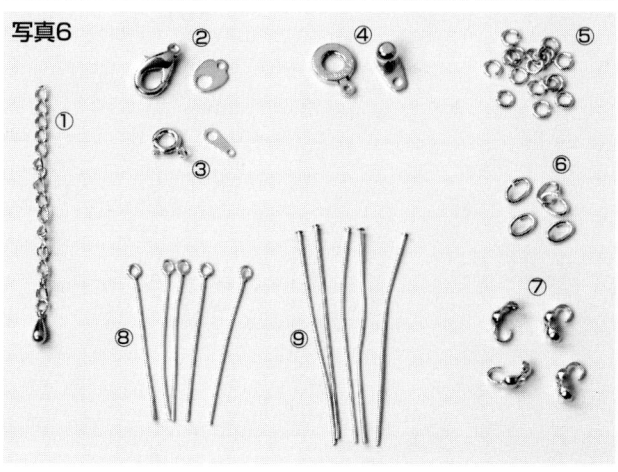

写真6（パーツ類）
①**アジャスター**…ネックレスの長さの調整ができる。
②**クラスプセット**…ネックレス止め金具。
③**クラスプセット**…引き輪。
④**クラスプセット**…ホック。②～④は、ネックレスやブレスレットの止め具として使う。
⑤**つなぎ輪**…ネックレスやブローチなどの止め具を接続する（パーツとパーツをつなぐときに使う）。
⑥**Cカン**…つなぎ輪と同様に使う。
⑦**だるまチップ**…ネックレス、イヤリングなどの糸始末に使う。
⑧**9ピン**…織ったもの、糸に通したものを、キャップで始末するときに使う。
⑨**Tピン**…ビーズやいろいろな素材を通して、パーツを作るときに使う。

引き返し織りネックレスとイヤリング

●カラー口絵2ページ

引き返し織りネックレス

作り方の要点

織り上がって糸を引くとき、引き返しをしたところはつめて糸を引くとカーブになります。

目数・段数 11目×251段
寸法 1.7cm×内42cm
縦糸 90cm×12本
糸の張り方 押さえ棒

ビーズ

●	A-21角（透明銀）	10g
▬	ツイストビーズ21（20mm）	26本
▱	ツイストビーズ21（15mm）	22本
▱	ツイストビーズ21（12mm）	16本
▱	ツイストビーズ21（9mm）	16本
◇	スワロフスキーオーロラ（4mm）	78個

パーツ

ダルマチップ（9-4-1S／2個）
クラスプ（α505MS／1組）
糸（α705-1／白）

■ネックレス

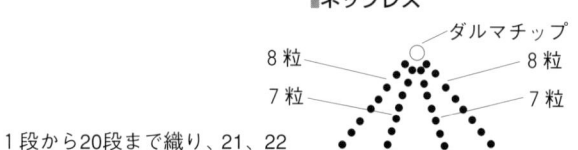

1段から20段まで織り、21、22段が1回目の引き返し、23段から32段のⒶを1模様として10模様織り、中心部分の11段目のところで引き返しのパターンが逆になり、後半部分もⒶを1模様として10模様織り、20段織ります、1、4、6、11目の糸にA-21角をそれぞれ8粒通してまとめ、ダルマチップにつなぐ。織り始めも同様に8粒ずつ通して、ダルマチップにつなぐ。フリンジは、下図のように作り、中心から左右対称にして取りつける。

図中ラベル：
- ダルマチップ
- 8粒／7粒／8粒／7粒
- 20段
- 1回目の引き返し
- 11目10段Ⓐ（1模様）
- 2回目の引き返し
- この間中央まで引き返しを8回くり返す
- ←中央
- この間引き返しは10回
- 20回目の引き返し
- 20段

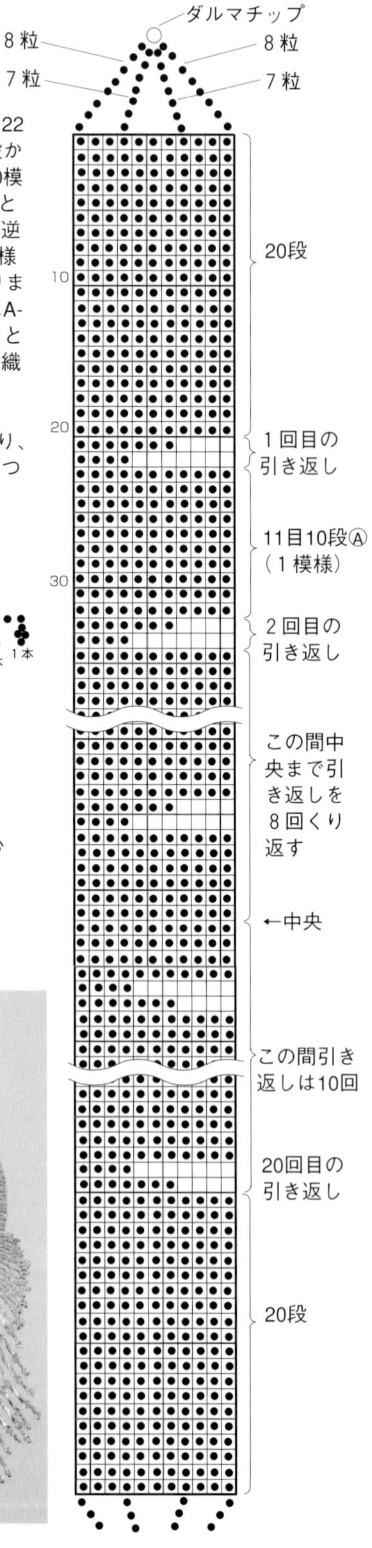

■イヤリング

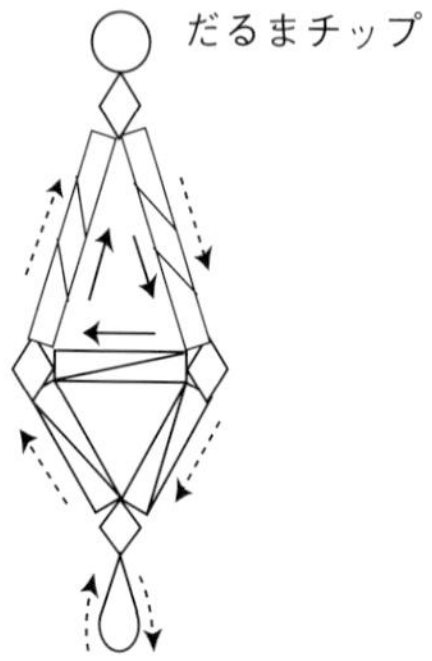

だるまチップ

■フリンジ

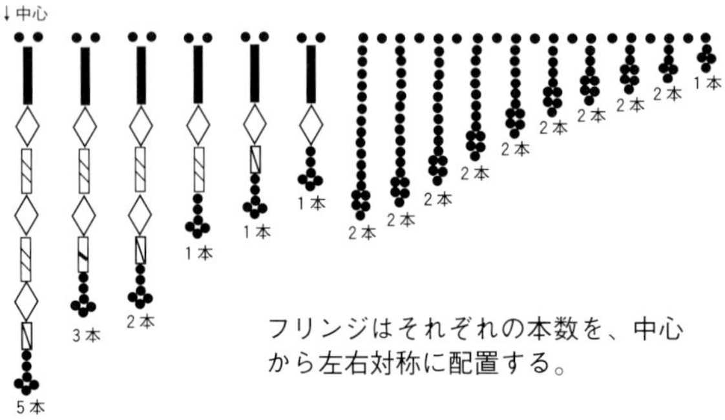

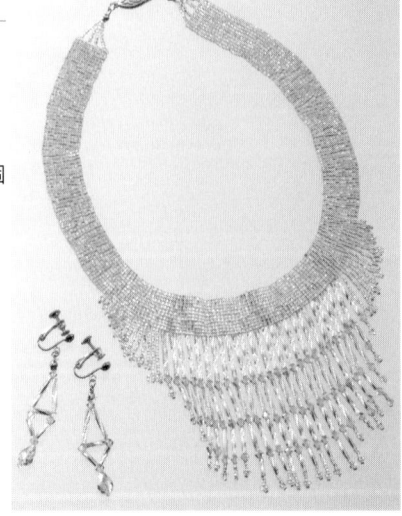

↓中心

1本／2本／2本／2本／2本／2本／2本／2本／1本／1本／1本／3本／5本

フリンジはそれぞれの本数を、中心から左右対称に配置する。

イヤリング

ビーズ

▱	ツイストビーズ21（15mm）	4本
▱	ツイストビーズ21（9mm）	6本
◇	スワロフスキーオーロラ（J58／しずく型）	2個
◇	スワロフスキーオーロラ（4mm）	8個

パーツ

イヤリング金具（9-12-8S／1セット）
ダルマチップ（9-4-1S／2個）
糸（α705-1／白）

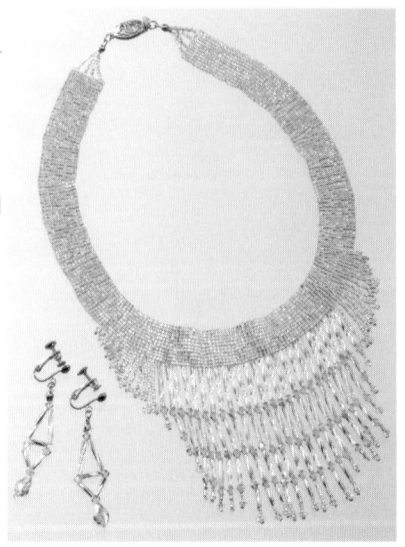

ブレスレットとイヤリング・ボールネックレス

●カバー

ブレスレット
作り方の要点
2本同じものを織り、片側にピコットを作る。ピコットと同じ位置でビーズ3粒で両方をつなぎ、座金、ダルマチップ、金具をつけます。

目数・段数　8目×97段
寸法　1.5cm×16cm
縦糸　9本
糸の張り方　止め棒

ビーズ
無印　TB-122（ベージュ）5g
○　TB-731A（焦げ金メッキ）5g

パーツ
ホック（α503イブシ）、座金（9-16-1S）
ダルマチップ（9-4-1S）、糸（α705-4／ベージュ）

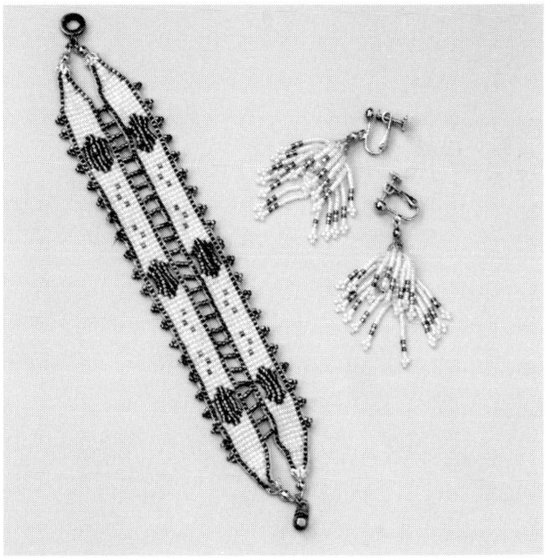

■ブレスレット

■イヤリング

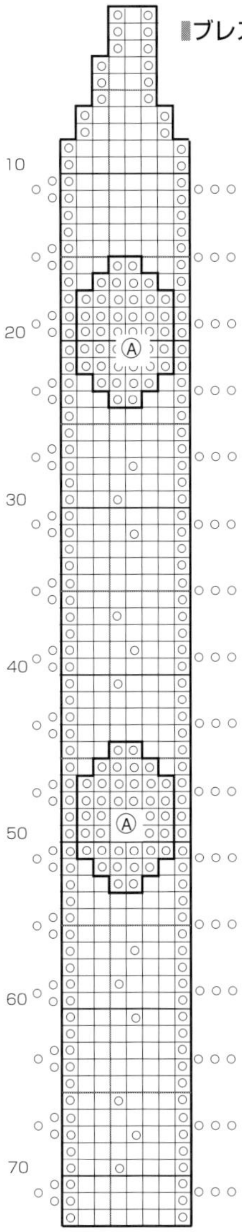

Ⓐ糸を張る前に7、9、11、9、7粒の3カ所分をそれぞれの縦糸に通しておく

①につける
周りのフリンジ15本

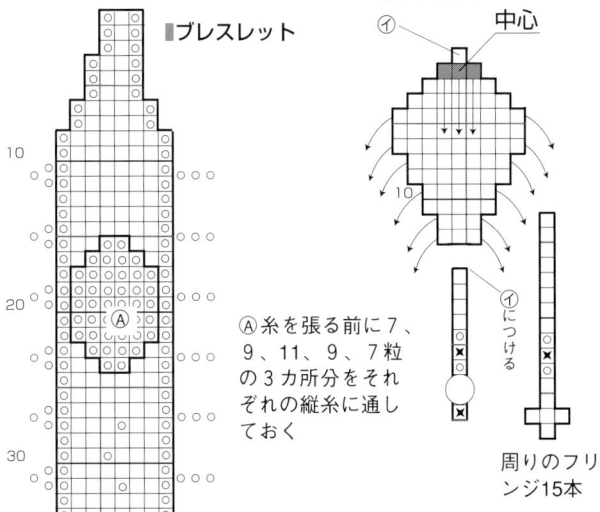

イヤリング
目数・段数　9目×13段
寸法　4cm×1.5cm
縦糸　10本
糸の張り方　止め棒

ビーズ
無印　TB-122（ベージュ）5g
○　TB-731A（焦げ金メッキ）1g
✖　TB-712（金）34粒
○　レインボーパール透明スキNo.21　3mm　2粒

パーツ
座金（9-16-1S）、ダルマチップ（9-4-1S／2個）
イヤリング（9-12-8S）糸（α705-4／ベージュ）

48段目から逆に織る

■ボールネックレスとイヤリング

✖（横に✖）交差する
2本通す

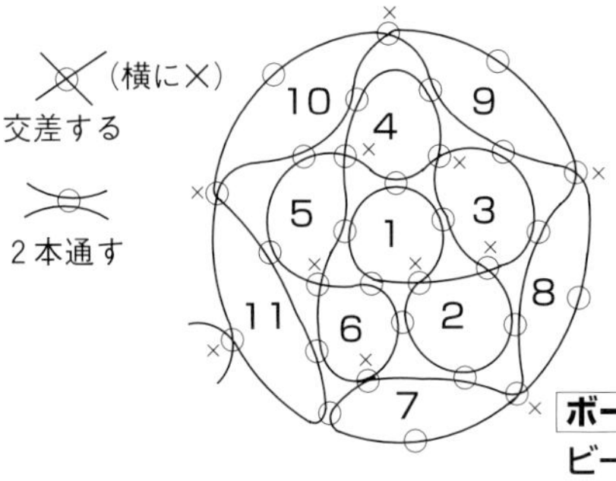

1番から順に11番まで通したら、結んで糸始末する。
テグス2号を2本取りでボールの中心に通す。

22段目から逆に織る
全体で97段にする

●カラー口絵10ページ

ボールネックレスとイヤリング
ビーズ
○　丸大252　30粒（ボール1個分）×4＝120粒

パーツ
Aはチェーン（12-1-2S）、Cカン（9-6-1S）
座金（9-16-2S）、テグス2号、ダルマチップ（9-4-1S／2個）、丸カン（9-6-4S）
Bはイヤリング（9-12-8S）
座金（9-16-2S）、テグス2号、ダルマチップ（9-4-1S／2個）

ブローチとペンダント

●カラー口絵25ページ

作り方の要点
ブローチとペンダントは、単品でも使えますが、下の写真のようにつないで使ってもおしゃれです。

ブローチ
目数・段数　19目×13段
寸法　2.8cm×2cm
縦糸　20本
糸の張り方　止め棒

ビーズ
無印　TB-743（紺）82粒
○　　TB-712（金）90粒
✖　　TB-21（シルバー）41

パーツ
ブローチ金具（9-31-1G／1個）
ツナギ、丸カン（9-6-4G3.8mm／1個）
小判カン（9-6-3G／2個）、フック（9-3-19G／1個）、糸（α705-4／ベージュ）

■ブローチ

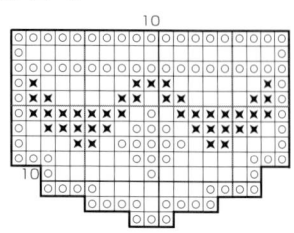

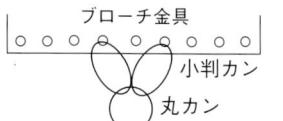

織り地の裏にとじつけたブローチ金具の穴に小判カンをつけ、丸カンにフックをつける

ブローチ金具
小判カン
丸カン

この下にフックをつけてペンダントに掛ける

■ペンダント

ペンダント
目数・段数　18目×24段
寸法　2.6cm×4.5cm
縦糸　19本
糸の張り方　止め棒

ビーズ
無印　TB-743（紺）312粒
○　　TB-712（金）290粒

パーツ
クラスプセット（α501G）、レザー用止め金具（9-91G／2個）、糸（α705-5／紺）、ダイヤロンデル（9-381G 5mm／4個）、アクリルカットビーズ（J-71-6mm／1個）、オーロラ（J57-2-11×5.5mm／3個）、レザー紐

8段ずつをジャバラに折って上下をとじる。レザーひもを通し、先にレザー用止め金具をつければチョーカーとして使えます。

アクリルカットビーズ
ダイヤロンデル
オーロラ

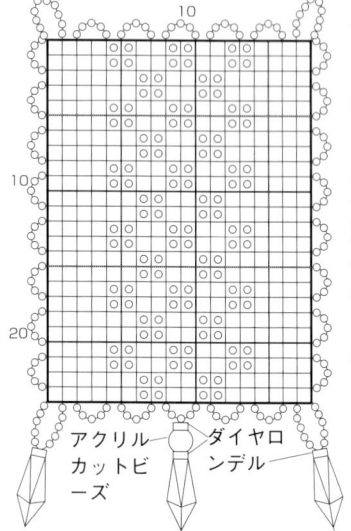

三角模様のペンダントA
作り方の要点
そのままでも、下から巻き上げて鎖の下を通して下げれば、鎖が押さえになって、可愛いミニバッグになります。

目数・段数　19目×35段
寸　法　2.7cm×5.8cm
縦糸　20本
糸の張り方　止め棒

ビーズ
無印　TB-558（銀）　1g
•　　TB-501（茶）　2g
▶　　TB-561（淡緑）50個
✖　　TB-551（オレンジ系金）75個

三角模様のペンダントB
ビーズ（口絵25ページA）
無印　TB-558（銀）　1g
•　　TB-506（緑）　2g
▶　　TB-332（ワイン）50個
✖　　TB-551（オレンジ系金）75個

パーツ
9ピン（9-8-3S／45mm）
丸カン（9-6-5S／5mm）
チェーン（α651MS）
メタルパーツ（α7005S）
糸（α705-4／ベージュ）

パーツ
9ピン（9-8-3S／30mm）
丸カン（9-6-5S／5mm）
チェーン（α651MS）
メタルパーツ（α7005S）
糸（α705-4／ベージュ）

■三角模様のペンダント

糸の始末をした織り地の1段目に45mm 9ピンを通し、通した9ピンの先を丸め、左右の輪に丸カンを通しチェーンを通す。

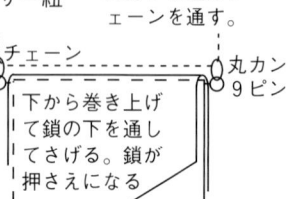

チェーン
丸カン
9ピン

下から巻き上げて鎖の下を通してさげる。鎖が押さえになる。

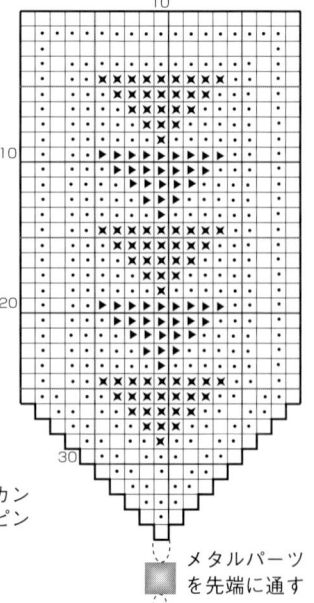

メタルパーツを先端に通す

糸が抜けないようにビーズを1個通す

香水入れと香り袋のペンダント

●カラー口絵18ページ　●カラー口絵11ページ

作り方の要点
ビーズ織りとネットを合わせた作品です。

香水入れのペンダント
目数・段数　25目×20段
寸法　11.5cm×3.5cm（ひもの長さ70cm）
縦糸　26本
糸の張り方　止め棒

ビーズ
無印	TB-712（金）1g	✧	TB-910（濃ピンク）1g
○	TB-49（黒）15g	◆	TB-332（ピンク）1g
●	TB-221（金茶）1g	▼	TB-503（淡ピンク）1g
△	TB-775（濃緑）1g		
✕	TB-707（薄草色）1g		

パーツ
ダルマチップ（9-4-1G／2個）ニューホック（9-1-3G／1個）パールNo.301・メタリック金丸（3mm／22個）
糸（α705-2／黒）

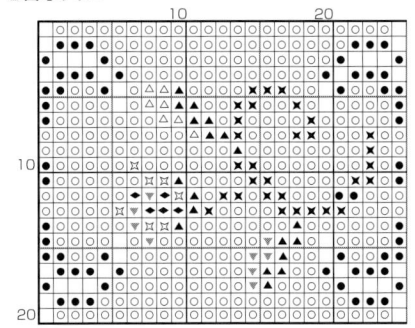

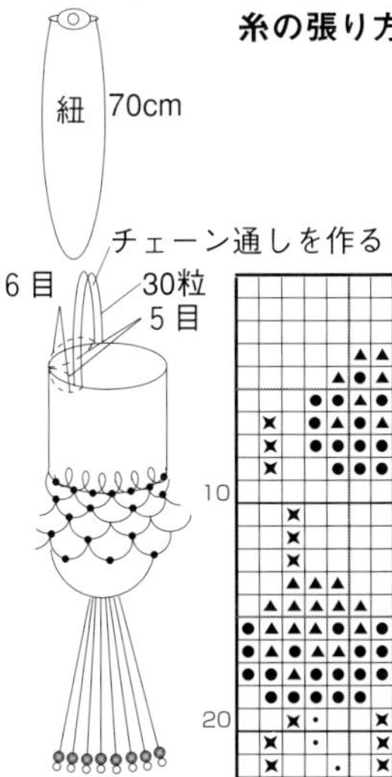

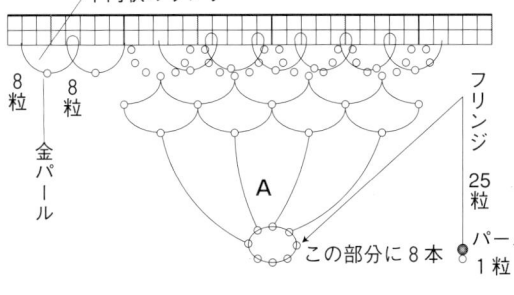

織り上がったら輪にしてとじ、織り地5目に6粒（TB-49）の間に1粒（TB-712）で12段ネット編みをし、中心のTB-712の8粒を輪にしてとじる。
8粒に1本ずつフリンジをつけ、フリンジは25粒の先に、金パール1粒をつけ、もう1粒を入れて戻る。
最後にネットの編み始めの1段上にビーズ8粒、金パール1個、ビーズ8粒の半円状のリングを3目おきに1目引き返して作り、続けて14個作る。

香り袋のペンダント
目数・段数　23目×53段
寸法　9.5cm×3cm
縦糸　24本
糸の張り方　止め棒2本

ビーズ
無印	TB-558（銀）6g
●	TB-909（淡ピンク）2g
▲	TB-785（濃ピンク）2g
✕	TB-775（若草色）2g
・	TB-706（濃草色）2g

パーツ
チェーン（α-660S）
引き輪（9-1-2S）
糸（α705-3／グレー）

グレーの糸24本で53段織り上がったら、2つ折りにして横をとじ、下のようにフリンジを23本作り、底につけます。チェーン通しは香水入れと同様に作る。

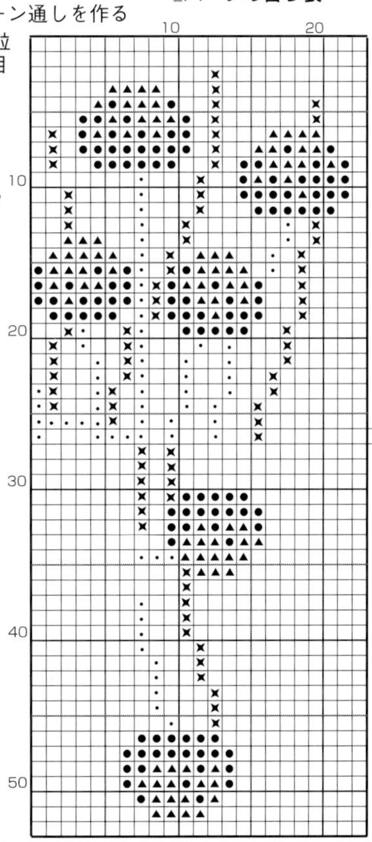

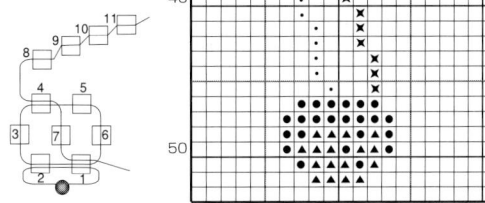

底のフリンジの作り方

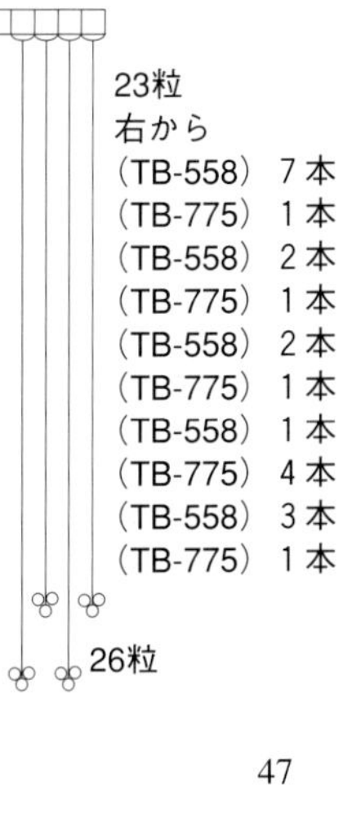

23粒
右から
(TB-558)	7本
(TB-775)	1本
(TB-558)	2本
(TB-775)	1本
(TB-558)	2本
(TB-775)	1本
(TB-558)	1本
(TB-775)	4本
(TB-558)	3本
(TB-775)	1本

26粒

エメラルドグリーンワンポイントチョーカーとネックレス

●カラー口絵7ページ

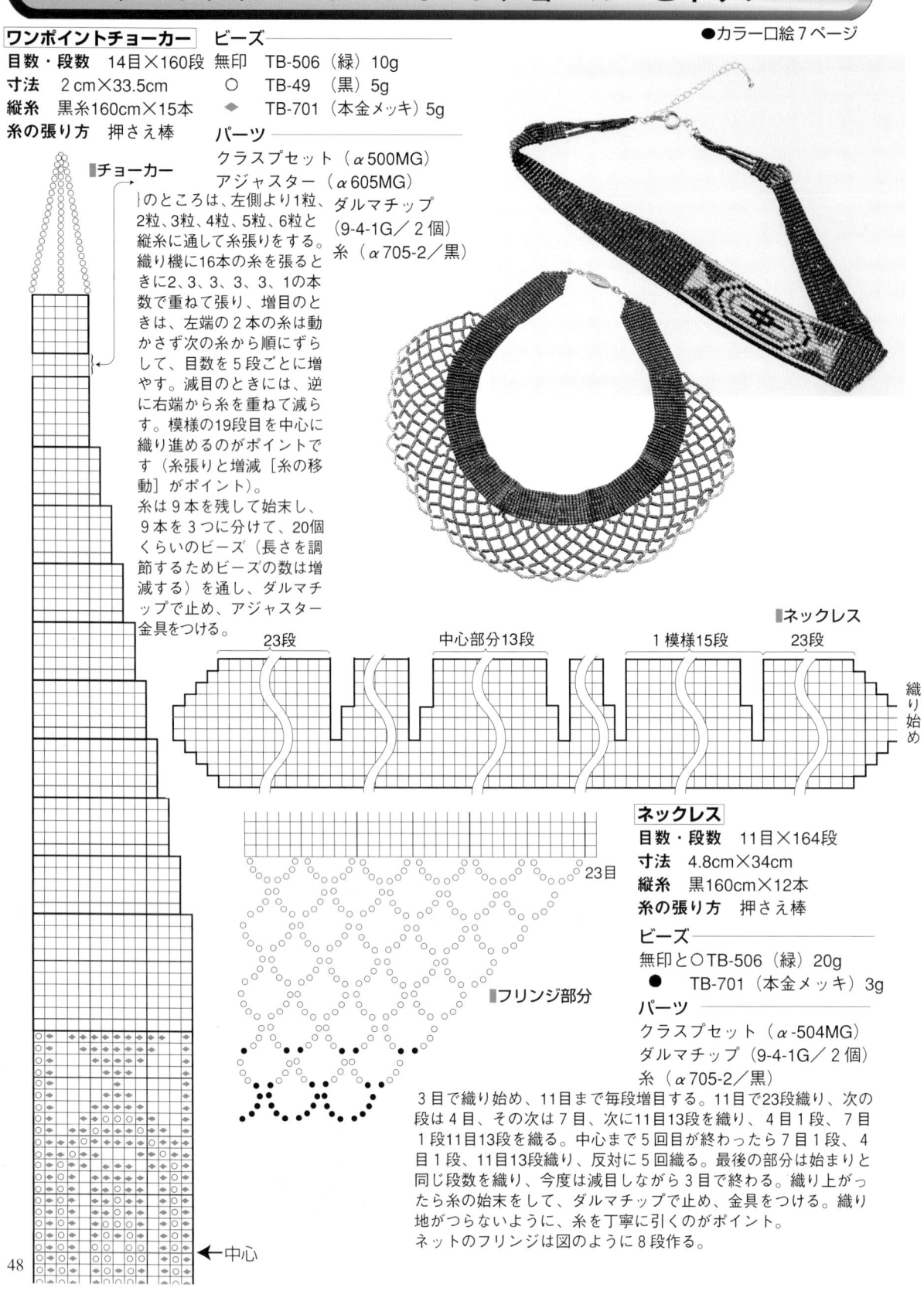

ワンポイントチョーカー

目数・段数 14目×160段
寸法 2cm×33.5cm
縦糸 黒糸160cm×15本
糸の張り方 押さえ棒

ビーズ
- 無印 TB-506（緑）10g
- ○ TB-49（黒）5g
- ◆ TB-701（本金メッキ）5g

パーツ
- クラスプセット（α500MG）
- アジャスター（α605MG）
- ダルマチップ（9-4-1G／2個）
- 糸（α705-2／黒）

■チョーカー

}のところは、左側より1粒、2粒、3粒、4粒、5粒、6粒と縦糸に通して糸張りをする。織り機に16本の糸を張るときに2、3、3、3、3、1の本数で重ねて張り、増目のときは、左端の2本の糸は動かさず次の糸から順にずらして、目数を5段ごとに増やす。減目のときには、逆に右端から糸を重ねて減らす。模様の19段目を中心に織り進めるのがポイントです（糸張りと増減［糸の移動］がポイント）。

糸は9本を残して始末し、9本を3つに分けて、20個くらいのビーズ（長さを調節するためビーズの数は増減する）を通し、ダルマチップで止め、アジャスター金具をつける。

■ネックレス

23段／中心部分13段／1模様15段／23段

織り始め

23目

■フリンジ部分

←中心

ネックレス

目数・段数 11目×164段
寸法 4.8cm×34cm
縦糸 黒160cm×12本
糸の張り方 押さえ棒

ビーズ
- 無印と○ TB-506（緑）20g
- ● TB-701（本金メッキ）3g

パーツ
- クラスプセット（α-504MG）
- ダルマチップ（9-4-1G／2個）
- 糸（α705-2／黒）

3目で織り始め、11目まで毎段増目する。11目で23段織り、次の段は4目、その次は7目、次に11目13段を織り、4目1段、7目1段11目13段を織る。中心まで5回目が終わったら7目1段、4目1段、11目13段織り、反対に5回織る。最後の部分は始まりと同じ段数を織り、今度は減目しながら3目で終わる。織り上がったら糸の始末をして、ダルマチップで止め、金具をつける。織り地がつらないように、糸を丁寧に引くのがポイント。ネットのフリンジは図のように8段作る。

エメラルドグリーンのチョーカー・ブレスレット リング

●カラー口絵7ページ

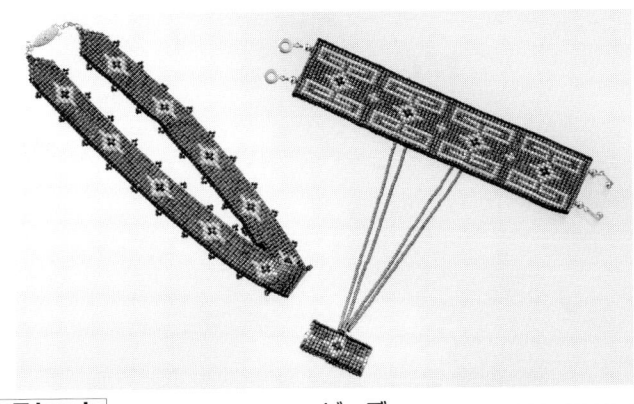

■チョーカー
目数・段数 10目×189段
寸法 1.5cm×32.5cm
縦糸 黒70cm×11本
糸の張り方 押さえ棒

ビーズ
無印 TB-506（緑）5g
○ TB-49 （黒）2g
◆ TB-701（本金メッキ）2g

パーツ
クラスプセット（α-504MG）
ダルマチップ（9-4-1G／2個）
糸（α705-2／黒）

■ブレスレット
目数・段数 21目×81段
寸法 3cm×14cm
ビーズ織り用糸 黒糸70cm×22本
糸の張り方 押さえ棒

ビーズ
無印 TB-506（緑）5g
○ TB-49 （黒）1g
◆ TB-701（本金メッキ）2g

パーツ
クラスプセット（α-504MG）
ホック（9-1-9G／2セット）
糸（α705-2／黒）

■リング
目数・段数 9目×40段
寸法 1.2cm×好みの長さ
糸の張り方 止め棒

ビーズ
無印 TB-506（緑）1g
○ TB-49 （黒）1g
◆ TB-701（本金メッキ）1g

パーツ
糸（α705-2／黒）
糸引きができるように織り機に糸を10本張る。

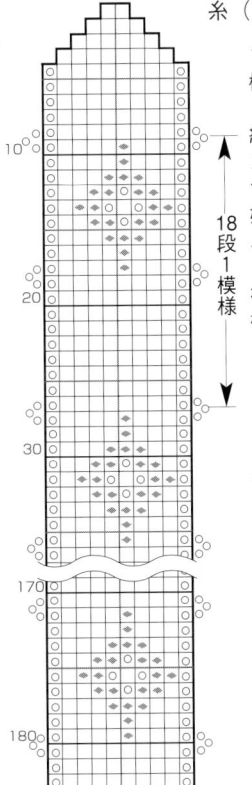

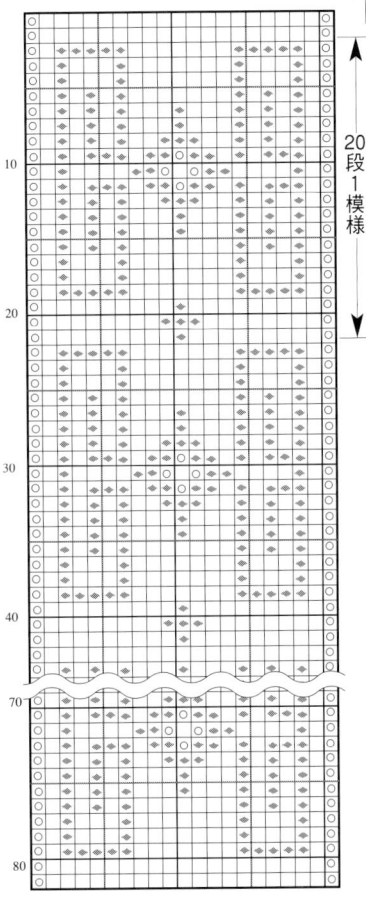

ブレスレットは、20段1模様を3回繰り返して織り、63段目から81段まで織り上げる。
たて糸の5〜8本目と、15〜18本目を残して糸の始末をし、残した糸をダルマチップで止めて金具をつける。
指輪は4段織り、11段1模様を3回織り、1段織って38段で11号の指輪サイズにしますが、指のサイズに合わせて段を増やし、最後に輪にして始末する。
指輪とブレスレットをつなぐときには、70cmの糸をブレスレットの端から5.5cmのところに糸を止め、糸が引きつれないように織ったビーズにコの字に通す。ビーズ（TB-506）70粒を通し、指輪の中心をコの字に糸を通す。ビーズ70粒を通し、そしてブレス側にまたコの字に糸を通し、写真のように4回繰り返しブレスと指輪をつなぐ。
つなぎに入れるビーズは、好みによって増減する。

2目から1目ずつ増目しながら10目にする。
5段目を織り終えたところで、TB-49のビーズを3粒（ピコット）を糸に通し、6段目を織る。ピコットは左側と右側で次の段を織るときに一緒に作る。
18段を1模様として、9回繰り返し、172段目から189段目まで織る。
糸の始末をして、ダルマチップで止め、金具をつける。

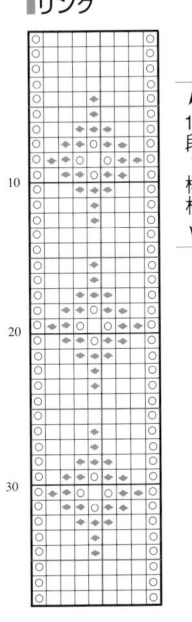

カードケース2種

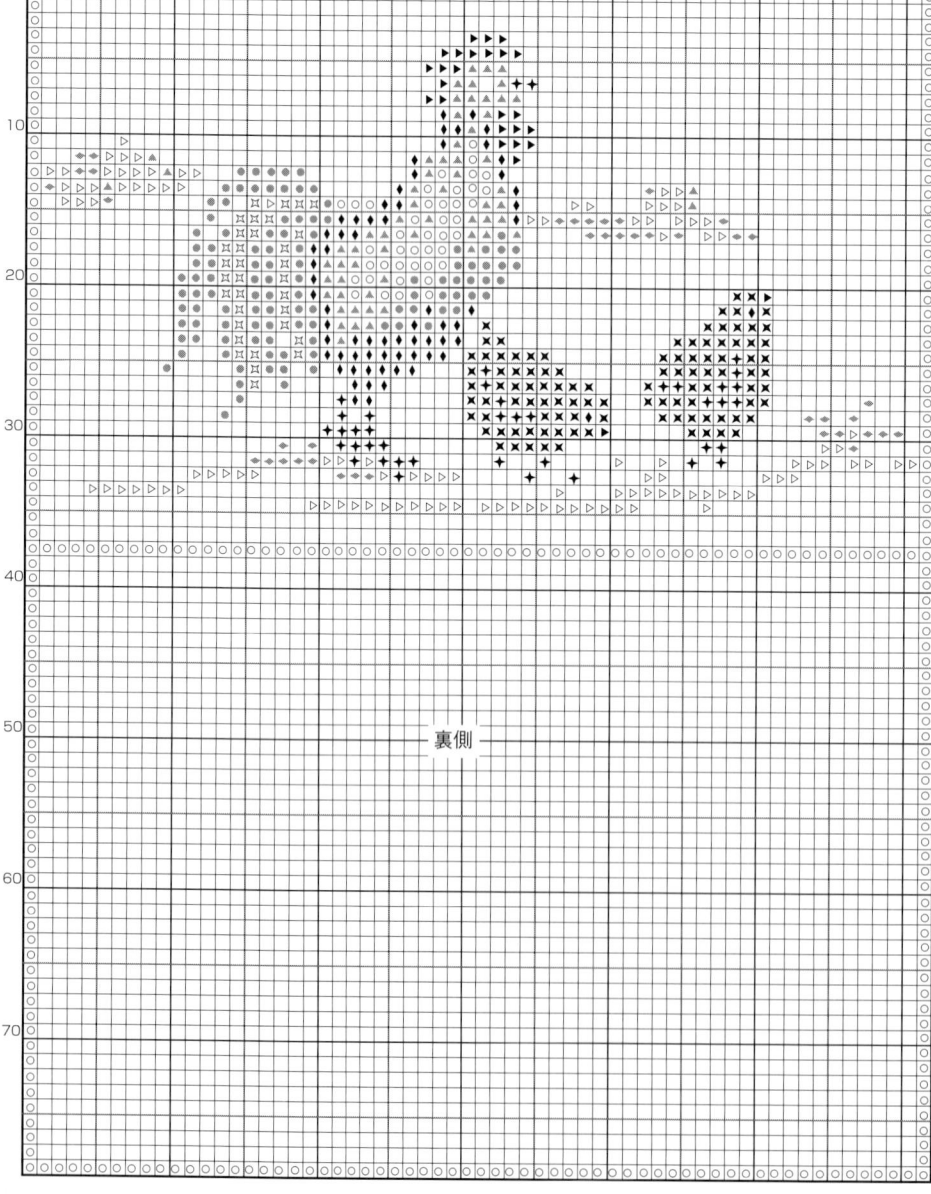

●カラー口絵27ページ

ニワトリのカードケース

作り方の要点
　カードケースを織るときは、糸をきつめに引くようにすると、きっちりした作品に仕上がります。

目数・段数　62目×79段（表38段・裏41段）
寸法　9.7cm×7cm
縦糸　63本
糸の張り方　止め棒（4本使用）

■ニワトリのカードケース

←折り返し

裏側

ビーズ（鶏）
無印	TB-49	（黒）30g
▷	TB-824	（グリーン）73個
◆	TB-795	（黄緑）100個
✦	TB-950	（オレンジ）38個
✕	TB-42	（黄）190個
●	TB-821	（濃空）100個
◆	TB-423F	（濃茶）75個
▶	TB-50F	（濃オレンジ）35個
○	TB-715	（金）260個
▲	TB-278	（濃ピンク）64個
✩	TB-710	（明るいグリーンつや消し）33個

パーツ
糸（α706-2／黒）

←TB-715（金）縁

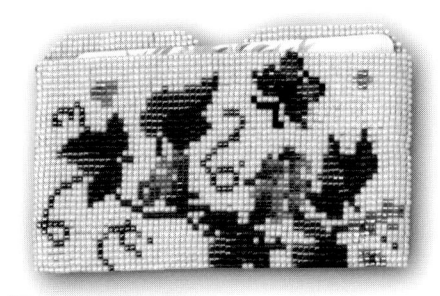

小花のカードケース
作り方の要点
　71段目からは減らしながら、左右別に織ります。糸引きはきつめに引くときっちりした作品に仕上がります。

目数・段数　68目×74段（表35段・裏39段）
寸法　10.2cm×6.5cm
縦糸　69本
糸の張り方　止め棒（4本使用）

ビーズ
記号	品番	色	数量
無印	TB-123	（アイボリー）	28g
♦	TB-824	（グリーン）	355個
△	TB-457	（若草色）	247個
✖	TB-790	（ピンク）	66個
○	TB-145	（淡ピンク）	81個
▲	TB-461	（濃紫）	47個
●	TB-922	（紫）	30個
◇	TB-903	（濃黄色）	11個
◊	TB-49	（黒）	18個
・	TB-176	（オーロラグレー）	59個
✦	TB-507	（グリーンミックス）	65個

パーツ
糸（α706-4／ベージュ）

■小花のカードケース

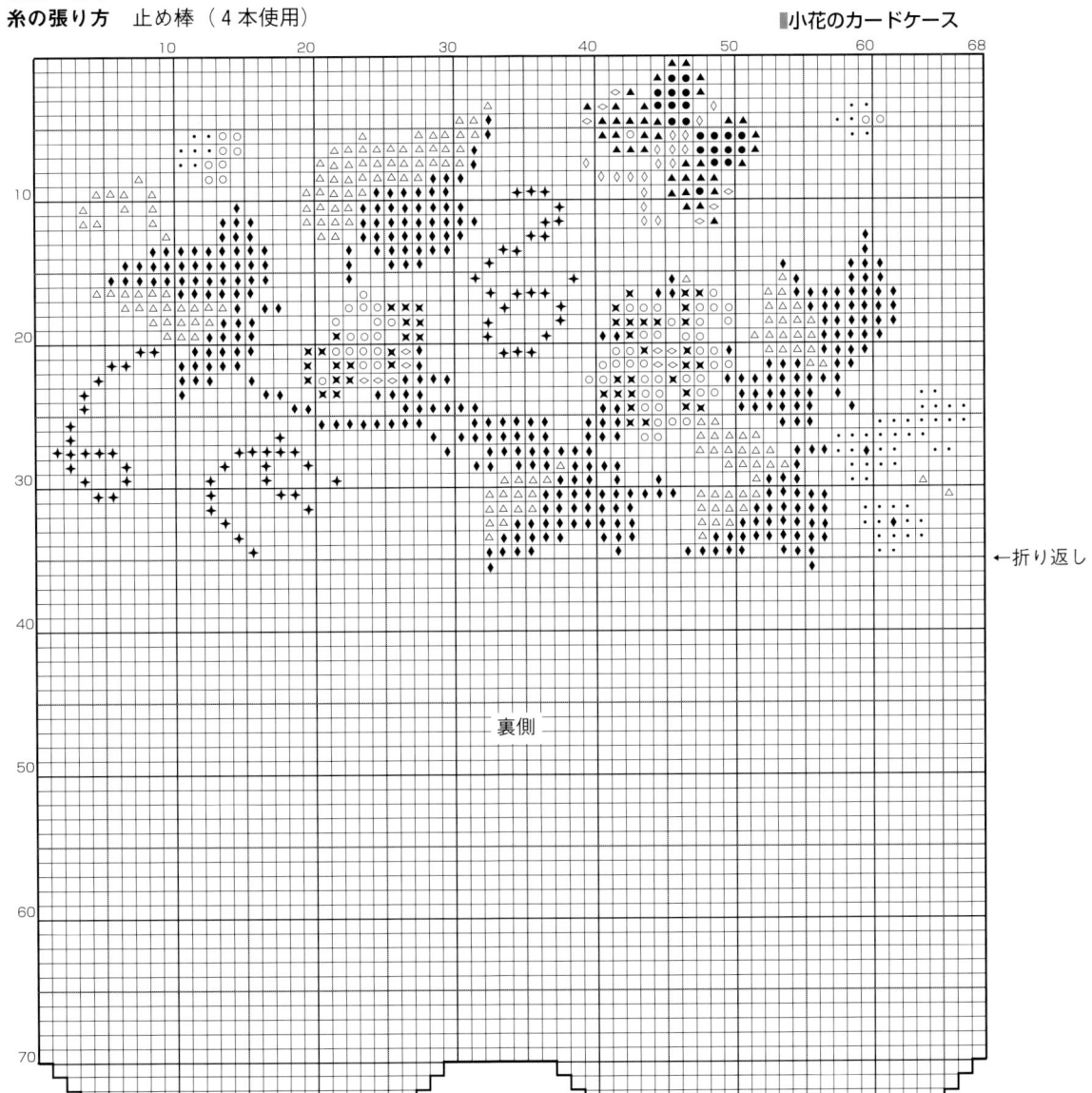

←折り返し

裏側

バレッタと交差のリング

●カラー口絵28ページ

バレッタ

作り方の要点

織ったベースをバレッタに貼り、その上にビーズをつけて仕上げます。

目数・段数 9目×50段
寸法 1.5cm×7cm
縦糸 10本
糸の張り方 止め棒

ビーズ

無印 TB-49（黒）
○●✗ TB-732A（グリーン系のミックス）
（○印は1番、●印は2番、✗印は3番目の順にビーズを拾う）

パーツ

バレッタ（9-19-5S）、糸（α705-2／黒）

■バレッタ（織り地）織り図

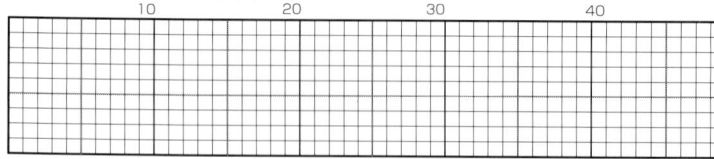

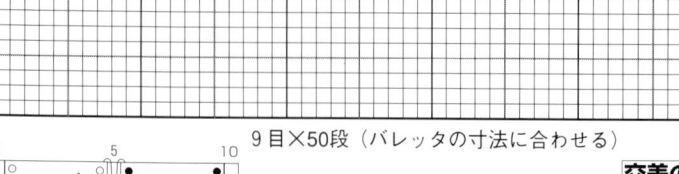

9目×50段（バレッタの寸法に合わせる）

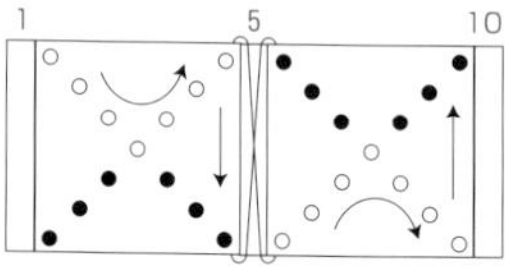

■バレッタ

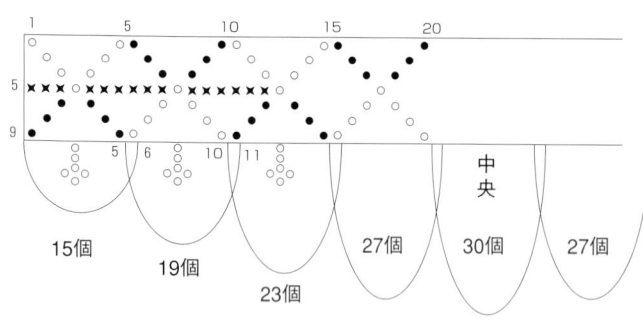

15個　19個　23個　27個　30個　27個　中央

バレッタ　止め棒使用

バレッタは織り地を9目×50段をTB-49で織り、バレッタに手芸用ボンドで貼りつける。
その上に1番目にTB-732Aを7個、2番目に●を3個、1番目の7個の中央○を拾ってもう3個、3番目に✗は、始めは3個のビーズを拾い、1番目の中央の○に針を通して、5個のビーズを入れて9回、最後は3個のビーズを拾う。
フリンジはTB-49をそれぞれの個数を通し、中央には図のようにTB-732Aを通してぶら下げる。

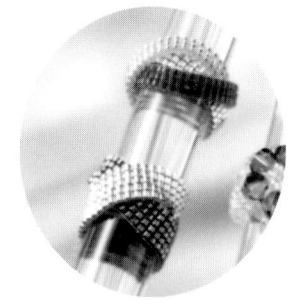

交差のリング　●カラー口絵23ページ

長さ45cmの糸12本で、押さえ棒を使った糸張りで織ります。11段目から左右別々に織り、手前片方をラセンから外して交差させ、また、糸をラセンに張って織り上げます。

ビーズ

✗ A-558（銀）220個
○ A-221（ブロンズ）220個

パーツ

糸（α705-4／ベージュ）

3本交差のリング

止め棒で糸張りをして、3目×37段をそれぞれのビーズで3本織り、Aのリングをとじ、それにBのリングを通してからとじ、最後はCのリングを、2本のリングに通してとじる。

ビーズ

△ TB-21（透明銀）120個
○ TB-22（透明金）120個
✗ TB-780F（ブルー）120個

パーツ

糸（α705-4／ベージュ）

■3本交差のリング

A　B　C

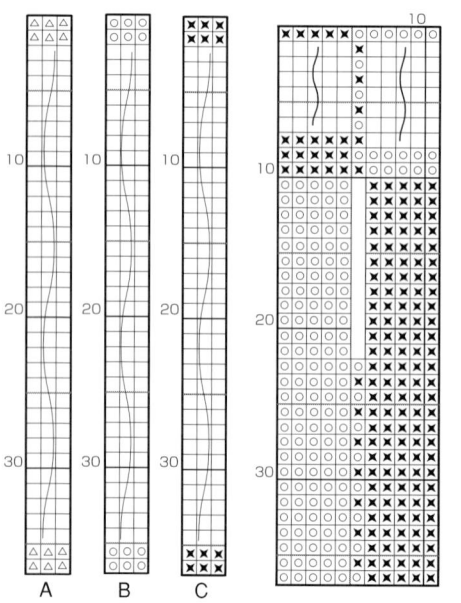

■交差のリング

花模様のカチューシャ

●カラー口絵28ページ

作り方の要点

押さえ棒を使って糸を張り、3段地色で織り始めます。18段1模様として10模様織り、最後に地色で3段織って糸の始末をします。

カチューシャの台へのつけ方は、糸で縫い止めますが、台によっては、手芸用ボンドで貼りつける方法もあります。

目数・段数 15目×187段
寸法 2.2cm×31.1cm
縦糸 カチューシャ用台の必要寸法＋30cm×16本
糸の張り方 押さえ棒

ビーズ
無印　TB-86　（グリーン紫系ミックス）12g
○　　TB-780（ピンクオーロラ）5g
▲　　TB-558（銀）3g
✚　　TB-332（ワインレッド）10粒

パーツ
カチューシャ用台、糸（α705-2／黒）

■カチューシャ

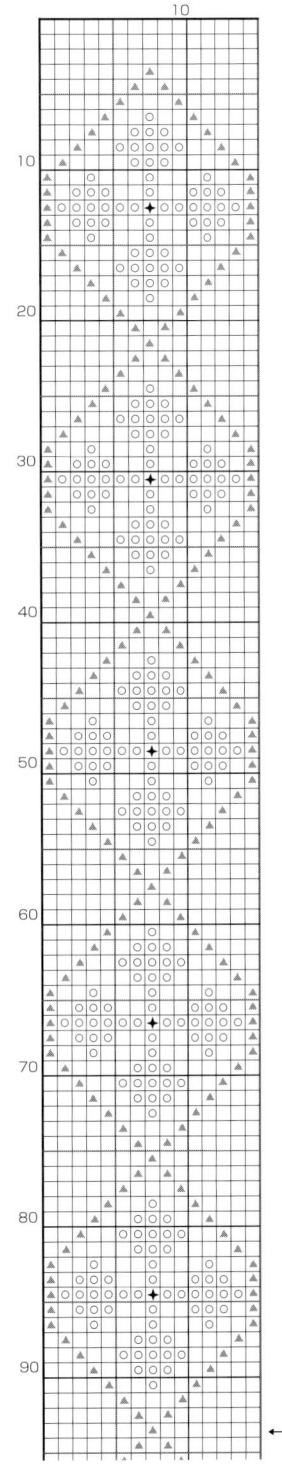

図案は全体の半分で、94段まで織ったら、93段から1段までの図案を織る。

←中心

リング5種

●カラー口絵23ページ

パールリングとクリスタルリング
作り方の要点
　1は○6個を入れて最初の○の箇所で交差させ、2は◇◇◇◇で交差し、次の○を通って、同じ順に3〜6まで繰り返します。7の右側のテグスを1の○へ通し、2の◇を通して○○を入れます。

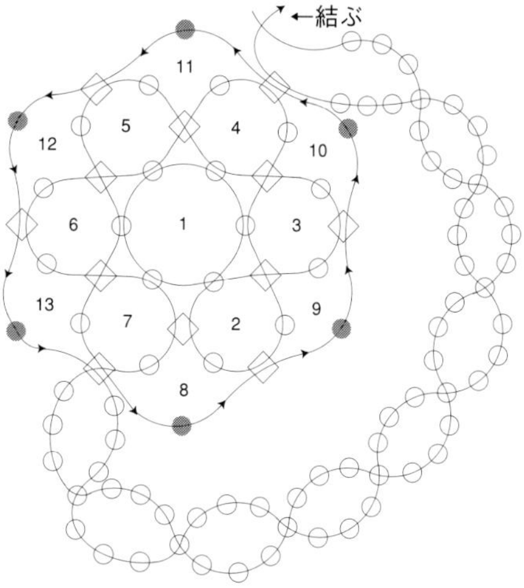

　7の左側のテグスに○を入れ、右側から来た◇に交差させ、8〜13まで●を入れながら1周りして、7の◇と交差して戻ります。7の◇から出た左右のテグスを交互に○に入れながら、指サイズに合わせて作り4の◇へ通し、結んで仕上げます（結び目にボンドをつけるとよい）。

パールリング
ビーズ
- ◇ パール200（4mm玉）12個
- ● パール200（3mm玉）6個
- ○ 丸小　（No.21透明銀）90粒

パーツ
- テグス3号（70cm）

クリスタルリング
ビーズ
- ◇ スワロフスキー（オーロラ／6mm）6個
- ● チェコビーズ（透明／4mm）6個
- ○ 丸小（No.161透明クリスタル）
- ○ 丸大（No.161透明クリスタル）

パーツ
- テグス3号（70cm）

モノトーンのパールリング
作り方の要点
　パールリングと同様に1から13まで通し、13の最後は◇で交差させて、図のように指サイズ分のリングを作ります。

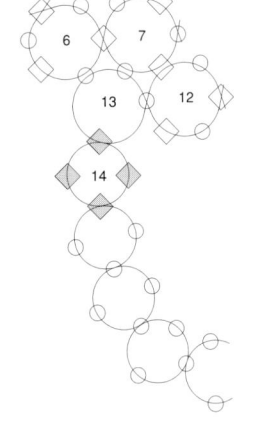

ビーズ
- ◇ パール200（4mm玉）27個
- ○ 丸小　（No.49黒）70粒

パーツ
- テグス3号（80cm）

カット玉のリング
作り方の要点
　図のようにヘッド部分を作り、最後の部分はテグスを1回りさせて結んで、接着剤をつけて切り、指サイズ分のリングをつなぎます。

カット玉のリング
ビーズ
- アクリルカットビーズ（J73-26／4mm）24個
- ○ 三角ビーズ中（No.243）59個

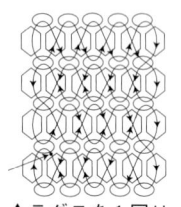

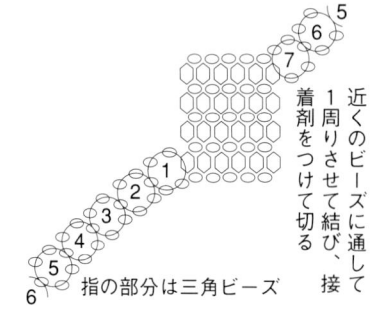

パーツ
- テグス2号（100cm）

ブルーリング
作り方の要点
　図のように1から18まで作ります。9のところは1の部分でつなぎ18のところは10の部分でつないで仕上げます。指サイズによっては多少増減します。

ビーズ
- □ 4角ビーズ（23）3mm45個
- ○ TB-701（金）72粒
- ○ TB-506（グリーン）72粒

パーツ
- テグス3号（100cm）

■ブルーリング

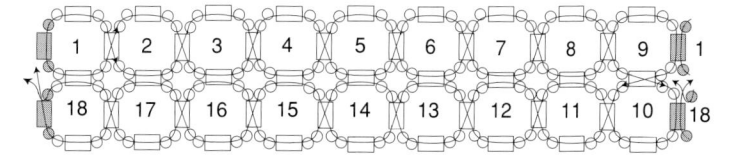

18のテグスは、10の4角ビーズに通し、1周りしてテグスを結び、接着剤をつけて切る

ツイストビーズのチョーカー2種

●カラー口絵18ページ

作り方の要点
本体部分は、コイルピアノ線にそれぞれのビーズを通して仕上げます。フリンジは図のように糸を使って作ります。

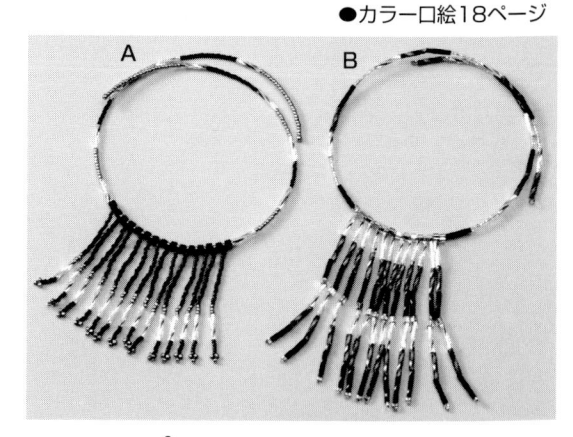

■チョーカーA

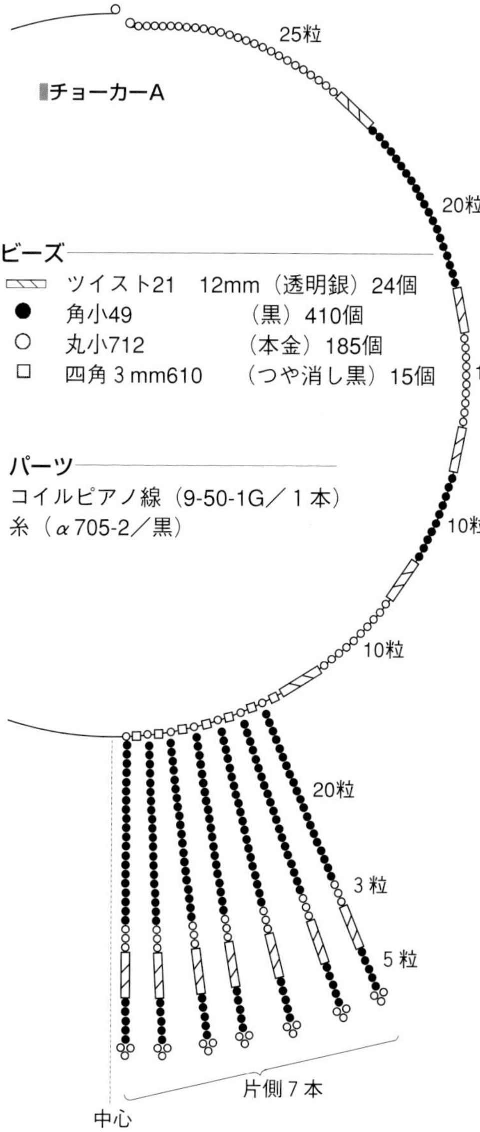

ビーズ
- ツイスト21　12mm（透明銀）24個
- 角小49　　　　（黒）410個
- 丸小712　　　（本金）185個
- 四角3mm610　（つや消し黒）15個

パーツ
コイルピアノ線（9-50-1G／1本）
糸（α705-2／黒）

■チョーカーB

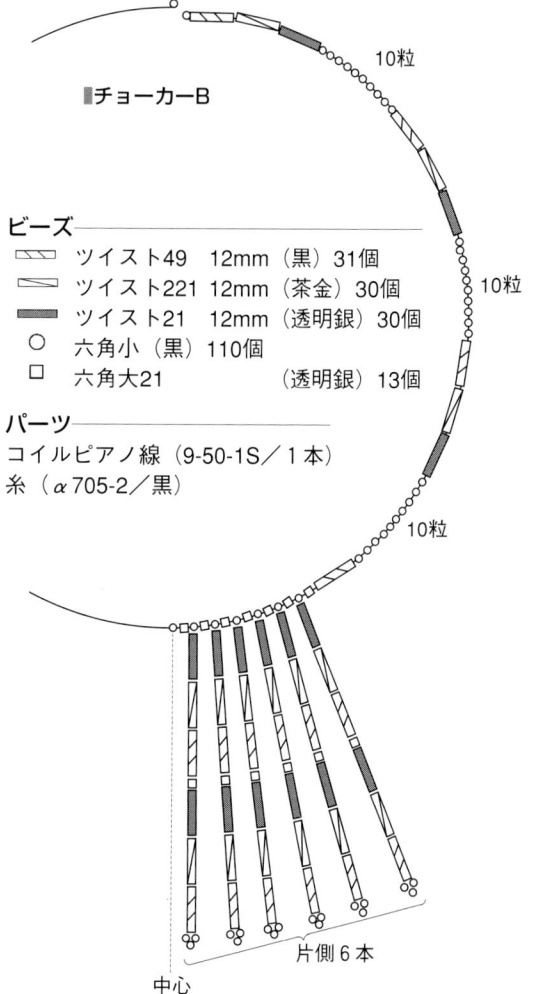

ビーズ
- ツイスト49　12mm（黒）31個
- ツイスト221　12mm（茶金）30個
- ツイスト21　12mm（透明銀）30個
- 六角小（黒）110個
- 六角大21　（透明銀）13個

パーツ
コイルピアノ線（9-50-1S／1本）
糸（α705-2／黒）

片側7本　中心

片側6本　中心

ベルト兼用ネックレス・ブレスレットとイヤリング

●カラー口絵5ページ

ベルト兼用ネックレス
作り方の要点

主な織り地503段を織り、フリンジは5本に分けてそれぞれ織ります。糸始末の後、その先端に（黒10粒、シルバー3粒のピコット）3本のショートフリンジを各フリンジにつけます。織りはじめまで巻き戻し、糸を足して同様に5本のフリンジを織り、先にショートフリンジをつけます。

目数・段数 15目×503段
寸法 2.2cm×140cm
縦糸 180cm×20本
糸の張り方 押さえ棒（37ページ参照）

ビーズ
無地 TB-610（つやなし黒）36g
▲ TB-558（シルバー）36g

パーツ
糸（α706-2／黒）

糸は縦糸の20本を次のように張る。
1 2 3 [4] 6 7 [8] 10 11 [12] 14 15 [16] 18 19 20
　　　　[5]　　[9]　　[13]　　[17]

四角の中はフリンジ用に、糸を2本にする。

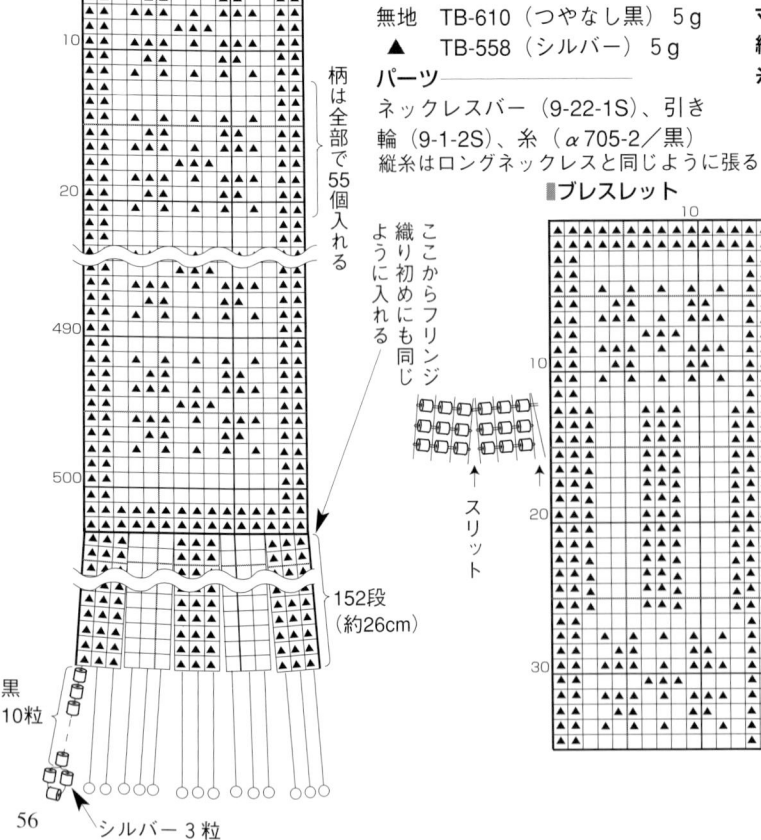

ブレスレット

13段から26段、45段から58段は、図のように縦糸を分け、4か所のスリットを入れます。ネックレスバーを頭だけ出るようにつけ、反対側はクラスプを縫いつけます。

目数・段数 15目×70段
寸法 50cm×2.2cm
縦糸 50cm×20本
糸の張り方 押さえ棒

ビーズ
無地 TB-610（つやなし黒）5g
▲ TB-558（シルバー）5g

パーツ
ネックレスバー（9-22-1S）、引き輪（9-1-2S）、糸（α705-2／黒）
縦糸はロングネックレスと同じように張る

イヤリング

イヤリングが織り上がったら、下図を参照して、イヤリング金具につけます。

目数・段数 19目×19段
寸法 2.8cm×3.2cm
縦糸 20本
糸の張り方 止め棒

ビーズ（黒地イヤリング）
無地 TB-610（つやなし黒）1g
▲ TB-558（シルバー）1g

ビーズ（銀地イヤリング）
無地 TB-558（シルバー）1g
▲ TB-610（つやなし黒）1g

パーツ（イヤリング1組分）
イヤリング金具（9-12-8S／1組）
ダルマチップ（9-4-1S／2個）
丸カン（9-6-4S／2個）
糸（α705-2／黒）

■ロングネックレス

柄は全部で55個入れる

490
500
152段（約26cm）

黒10粒
シルバー3粒

ここからフリンジ織り初めにも同じように入れる

スリット

■ブレスレット

各色ごとにスリットを入れる

ここで折り返す

■イヤリング

ビーズ
おこしながら丸める
ダルマチップ

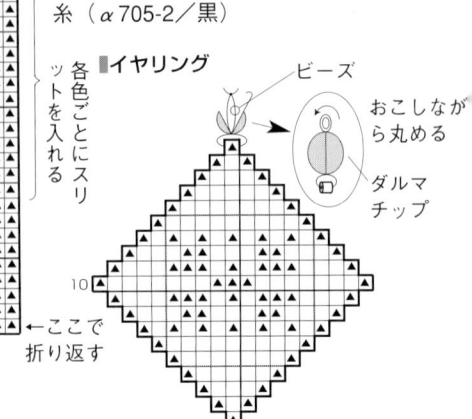

ゴールドのイヤリング・ブレスレットとネックレス

●カラー口絵16ページ

イヤリング
寸法　5cm×1.7cm

■イヤリング

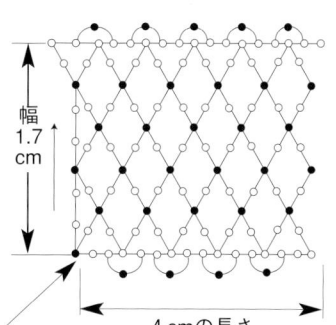

幅 1.7cm
作り始め（セロハンテープで止める）
4cmの長さ
両側にワイヤーを通し、2目おきにA-81を1個入れる。

ビーズ
- ○ 22丸小（透明金）3g
- ● A-81（シルバーグレー）1m

パーツ
- イヤリング用金具（9-12-8G／1セット）
- 丸カン（5mm／2個）
- ワイヤー（#31／30cm）

ブレスレット
寸法　17cm×1.7cm

ビーズ
- ○ 22丸小（透明金）8g
- ● A-81（シルバーグレー）2g
- ● 黒アクリルカットビーズ6mm　1個

パーツ
- アジャスター（9-10-1G）
- テグス（2号／60cm）

■ブレスレット

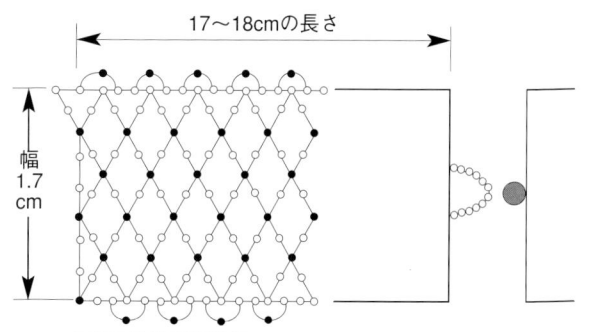

17～18cmの長さ
幅 1.7cm

↑作り始めの部分は、セロテープで止める　イヤリングも同様

両側に2目おきに（A-81）ビーズを1個入れる。
糸またはテグスを使用

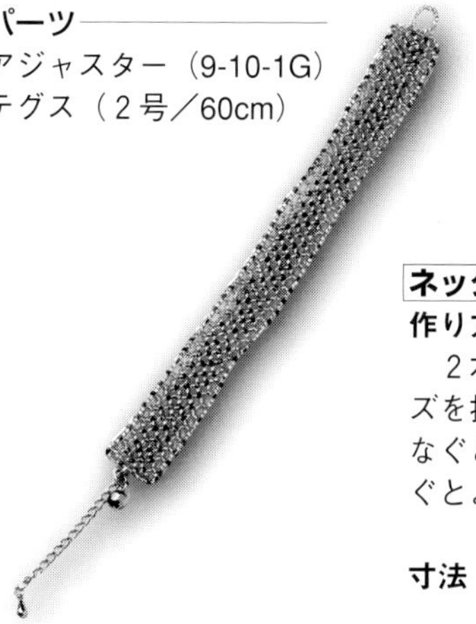

ネックレス

作り方の要点
　2本取りの糸で、前段の（A-81）ビーズを拾いながら繰り返します。糸をつなぐときは、2本の糸をずらしてつなぐとよいでしょう。

寸法　43cm×1cm（丸）

ビーズ
- □ 22の1分竹（透明金）2m
- ○ 22丸小（透明金）2m
- ● A-81（シルバーグレー）1m

パーツ
- キャップ（9-103G／2個）
- ニューホック（大9-1-3G）
- 9ピン（9-8-1G）
- 糸（α705-4／ベージュ）

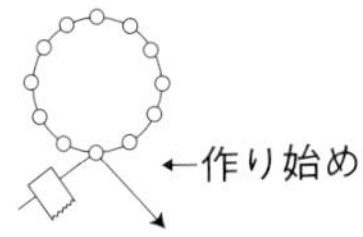

①12粒丸小ビーズを入れ交差させる。

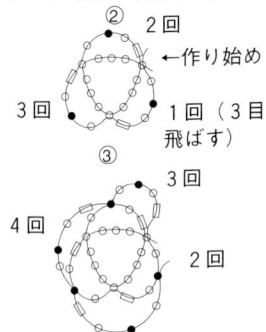

②1分竹1、22丸小1、黒丸小1、22丸小1を前段の2目飛ばしに（4目毎に）入れる。これを4回繰り返す。

③前段の黒丸をすくって、1分竹1個、22丸小1、黒丸小1個、22丸小1個の順で4回繰り返す。あとはこの繰り返しです。

■ネックレス
長さ　42cm

①
←作り始め
糸の端10cmを残し、セロテープで止めて始める。

②
2回
←作り始め
3回
1回（3目飛ばす）

③
3回
4回
2回
1回（前段の黒丸小をすくう）

手織りのチョーカー

●カラー口絵10ページ

作り方の要点
　はじめに、1段目は全部のビーズを通しておきます。手織りをしながらビーズを順に通します。最後に手織りの部分の△と△をとじ合わせて仕上げます。この作品は横に長く手織りしていきます。
寸法　50cm　織り上がり　46cm

ビーズ
- ■● 丸小49（黒）止め部分 2 m
- ○　丸小29（銀）1 m

■手織りのチョーカー

セロテープで止める

1段　6模様＋手織り分17個を全部糸に通す。
2段　ビーズを通した糸でAを手織りしながら戻り4、5、15、4、5、のビーズを入れながら、手織りの部分5カ所を手織りしBへ行く。
注）手織り部分は、針に丸小49ビーズを1個入れて（⊠）丸小黒の2個目（■）を拾って手織りをする。往路も復路も手織りのところは針に1個ビーズを入れる。
3段　手織りBを戻り、2段と同様にAに行く。これを5段までくり返す。
注）糸継ぎは手織り部分でないところではた結びをする。

パーツ
テグス2号（40cm）、黒パール（6mm／1個）
糸（α705-2／黒）

手織りの基本1

①織り初めの糸は15cm長くとり、セロテープで止め、1から8までのビーズに1列に糸を通します。

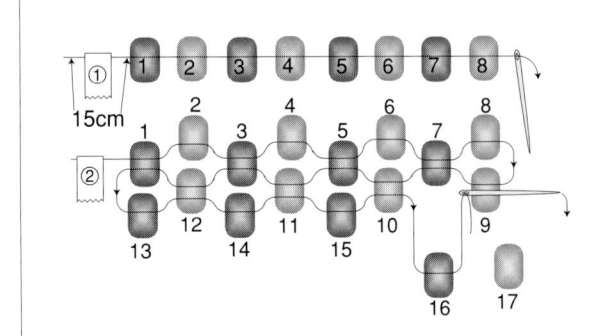

②次に9のビーズを拾い、7、10、5、11の順に拾います。1から13と折り返し、順に拾います。

■止め具の作り方

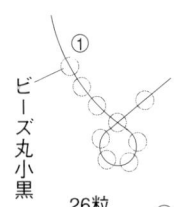

① ビーズ丸小黒 26粒
② 5個の輪を作る
③
④ Bに入る

その上に1段編む1段目の同じ記号にテグスを入れながら5個の輪を作っていく

⑥
⑤ 8粒

止め具の作り方
④が出来上がったら、6mmのパールを入れて絞り、中心5個のビーズにテグスを通し結んで、テグスを始末する、2本の糸に8粒ずつのビーズを通して、端につなぐ。反対側の留め具は、26個のビーズを通して作る。

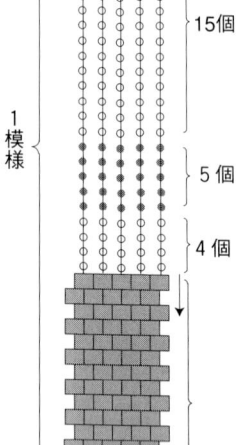

4個 / 5個 / 15個 / 5個 / 4個　1模様

手織りのアムレット

●カラー口絵10ページ

作り方の要点

手織りのアムレットです。織り上がったら2つに折って両脇をかがり、71cmのひもをとじつけて、最後にフリンジをつけて仕上げます。

目数・段数 35目×67段
寸法 4.5cm×5cm

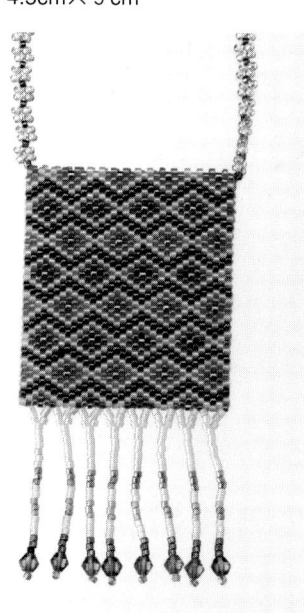

■アムレット

■ひも (71cm)

この部分で糸を交差させて通し、71cmの長さにする

←底
ここにフリンジがつく

フリンジ

手織りの基本2

太線の枠に濃い色のビーズの入ったところが基本部分です。下図の上のように、Mのようにするときは、中心から左のAと、右のBを織り足すことでこのような形になります。

A 中心 B

C

Vのようにするときは、いずれも奇数にするためCの部分を編み足します。このように四角に編んだ基本のパターンに編み足すことで様々な形ができます。

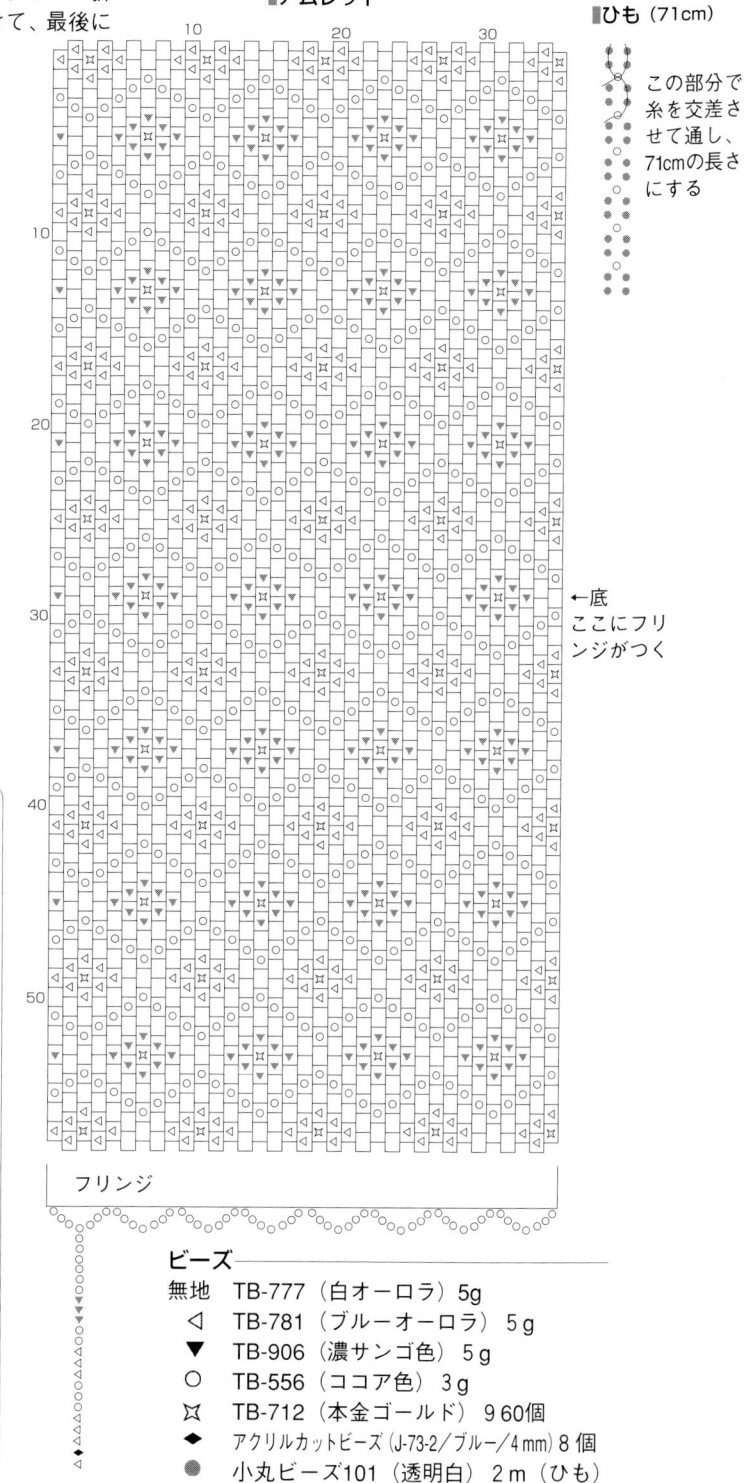

ビーズ

無地	TB-777（白オーロラ）	5g
◁	TB-781（ブルーオーロラ）	5g
▼	TB-906（濃サンゴ色）	5g
○	TB-556（ココア色）	3g
✄	TB-712（本金ゴールド）	960個
◆	アクリルカットビーズ（J-73-2／ブルー／4mm）	8個
●	小丸ビーズ101（透明白）	2m（ひも）

パーツ
糸（α705-1／白）

手織りのアクセサリー

●カラー口絵3ページ

作り方の要点

手織りのアクセサリーです。ネックレスは28段から62段を3回繰り返します。好みでもう半模様入れてもよいでしょう。

ブローチ
目数・段数 30目×30段
寸法 4cm×5.1cm

パーツ
ブローチ金具(9-31-4S／3.5cm)
糸（α705-4／ベージュ）

ビーズ
無印 TB-123 （クリーム色）8g
○ TB-112 （透明グレー）81粒
● TB-731A （グリーンミックス）2g

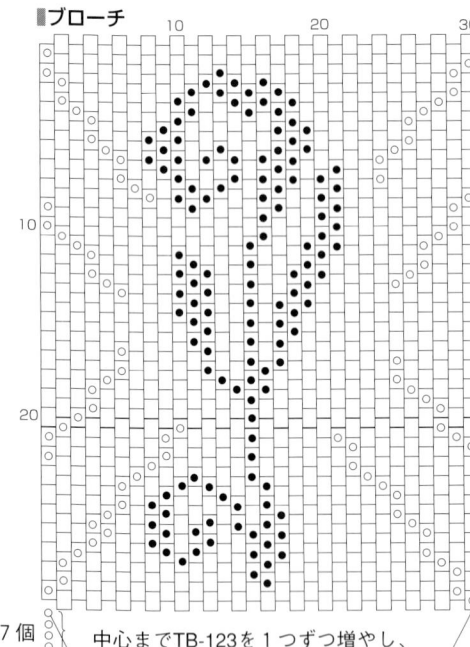

■ブローチ

TB-123　7個
TB713　2個
TB-123　6個
　　TB713　2個×2個
　　TB-123　1個

中心までTB-123を1つずつ増やし、中心は2本同じ数にし、中心から1つずつ減らして、右端は7個になる

イヤリング
目数・段数 10目×8段
寸法 1.3cm×1.4cm

ビーズ
無印 TB-123 （クリーム色）2g
● TB-731A （グリーンミックス）72粒
✖ TB-617 （焦げ茶つや消し）20粒

パーツ
イヤリング金具(9-12-8S)
ダルマチップ(9-4-1S)
糸（α705-4／ベージュ）

■イヤリング（4枚）

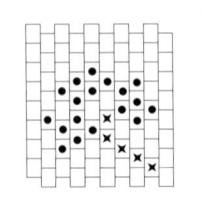

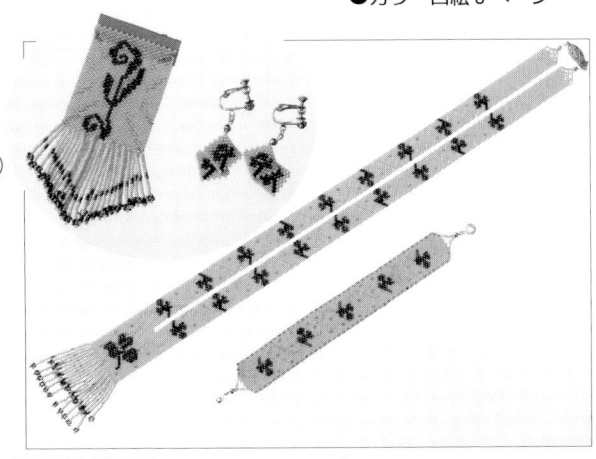

ブレスレット
目数・段数 16目×92段
寸法 2.2cm×15.5cm

パーツ
ニューホック（9-1-9S）(小)
ダルマチップ（9-4-1S）
糸（α705-4／ベージュ）

ビーズ
無印 TB-123 （クリーム色）7g
・ TB-713 （銀）1g
○ TB-112 （透明グレー）70粒
✖ TB-617 （焦げ茶つや消し）25粒
● TB-731A （グリーンミックス）1g
△ TB-712 （金）24粒

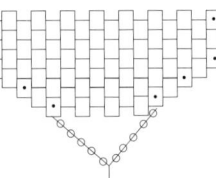

■ブレスレット先端

先端は図のようにします

ネックレス
目数・段数 22目×166段
寸法 2.9cm×34.6cm

パーツ
ネックレス金具（α505MS ダルマチップ入り）
糸（α705-4／ベージュ）

ビーズ
無印 TB-123 （クリーム色）14g
● TB-731A （グリーンミックス）4g
○ TB-112 （透明グレー）2g
✖ TB-617 （焦げ茶つや消し）80粒

■ネックレスフリンジ

長短2種類のフリンジを、交互につける

TB-123　8個　　　TB-123　10個
TB-712　1個　　　TB-712　1個
TB-123　8個　　　TB-123　7個
TB713　2個
TB-123　8個
　　TB713　2個×2個
　　TB-123　1個

■ブレスレット

■ネックレス

合印→

1模様を3回繰り返す。長さによってはもう半模様入れてもよい

合印→

長短2種類のフリンジを、交互につける

小花模様のチョーカーとイヤリング、ブレスレット

作り方の要点
手織りで作るチョーカーとイヤリングです。

●カラー口絵8ページ

チョーカー

寸法 長さ35cm×幅1.3cm

ビーズ
無印	TB-460（えび茶）	約1600粒
○	TB-145（ピンク）	約200粒
ピコット	TB-145（ピンク）	約410粒

パーツ
クラスプ（9-3-22G）
糸（α705-4／ベージュ）

イヤリング

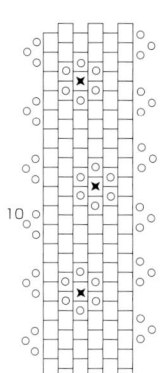

寸法 長さ3.5cm×幅1.3cm

ビーズ
無印	TB-460（えび茶）	約240粒
○	TB-145（ピンク）	約120粒

※ピコットを含む

パーツ
イヤリング金具（9-12-8G）
ダルマチップ（9-4-1G）
糸（α705-4／ベージュ）

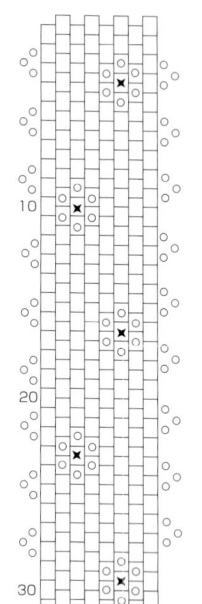

●カラー口絵24ページ
（D）

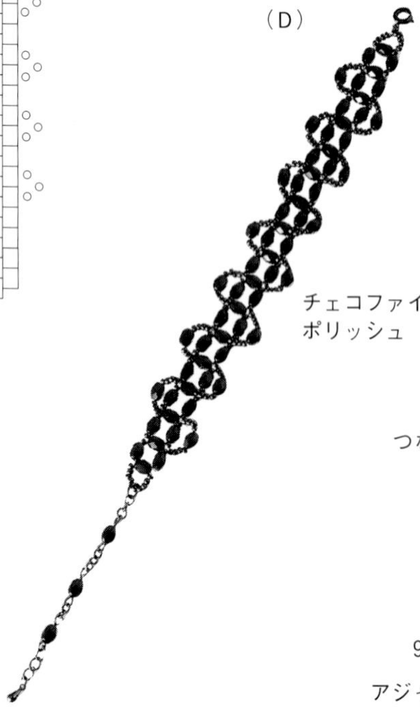

チェコファイヤー→ポリッシュ
つなぎ輪
9ピン
アジャスター

←引き輪
←ダルマチップ
←丸小222

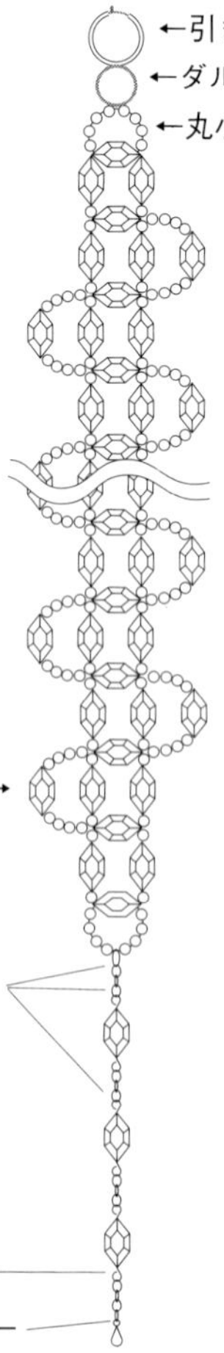

ブレスレットD

作り方の要点
　2本の糸の左右にビーズを4個入れ、石1個で交差させ、図のように作ります。
　別糸で2段目からビーズ4個石1個ビーズ4個を通し、図のように交互に通し、最後の1段は残します。

寸法 長さ16cm×幅2cm

ビーズ
○	丸小222（赤茶色）	約150粒
	チェコファイヤーポリッシュ	67粒

（5mmダークルビー）
（No.α6605-8）

パーツ
テグス3号（6-11-3）
9ピン（α516イブシ）
ダルマチップつき引き輪（α500イブシ）
アジャスター（9-10-1イブシ）
つなぎ輪（α532イブシ）

ブレスレット3種と交差編みのネックレス

●カラー口絵24ページ

ブレスレットA　寸法　17.5cm
作り方の要点

9ピンに、金のビーズを6個入れて、次のパーツの丸カンを9ピンでつなぎます。このとき9ピンの先が、きれいに丸くなるようにします。10個目の丸カンに止め金具をつけて仕上げます。

ビーズ
丸大5（赤）40粒
丸小22（金）54粒

パーツ
9ピン（9-8-1S／2cmに切る9本）、クラスプセット（9-1-2S）、ツナギ丸カン（9-6-5S／5mm）

ブレスレットB　寸法　17.5cm
作り方の要点　[B、C共通]

テグス2本を花の中央のビーズで交差しながら、18回繰り返します。仕上げは、2本のテグスをダルマチップに通し、かしめ玉で2本一緒に止め、丸カンで止め金具とダルマチップをつなぎます。

ビーズ (B)
α35（2.5mm／銀）90粒
丸小112（透明）161粒

パーツ (B)
クラスプセット（9-1-3S）、テグス2号
かしめ玉（α-804S）、ダルマチップ（9-4-2S）

ブレスレットC　寸法　19cm

ビーズ (C)
特小49（黒）145粒
J73-10（黒）72粒

パーツ (C)
かしめ玉（α-804S）、ダルマチップ（9-4-2S）
ニューホック（9-1-9S）、テグス2号

交差編みのネックレス
作り方の要点

1mの糸4本を、ダルマチップに通し、図のように作ります。始めにビーズCR-166を22粒通し、図のように交差させて通してゆきます。仕上げは始めと同様にダルマチップで始末します。

寸法　38cm

ビーズ
○ CR-166（薄紫）　2m
■ 角小49（黒）　1m
□ ファイアポリッシュNo.11／5mm（ブルー）21個
● ファイアポリッシュNo.11／3mm（ブルー）21個

パーツ
ダルマチップ（9-4-1S／2個）、アジャスター（9-10-1S／1個）、カギフック（9-3-19S／1個）
丸カン（9-6-4S／2個）
糸（α-705-3／グレー）

■ブレスレットA

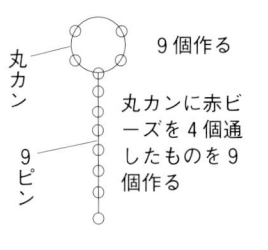

(A)
9個作る
丸カン
丸カンに赤ビーズを4個通したものを9個作る
9ピン

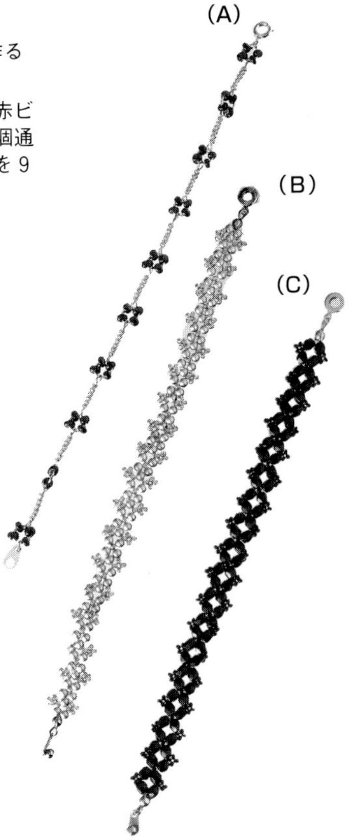

(B)

(C)

■ブレスレットB

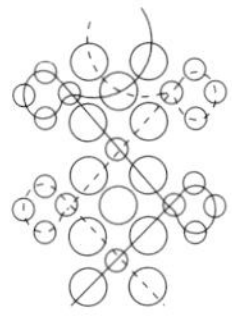

■ブレスレットC

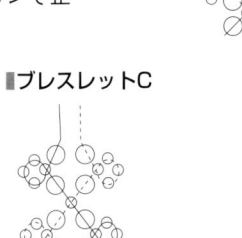

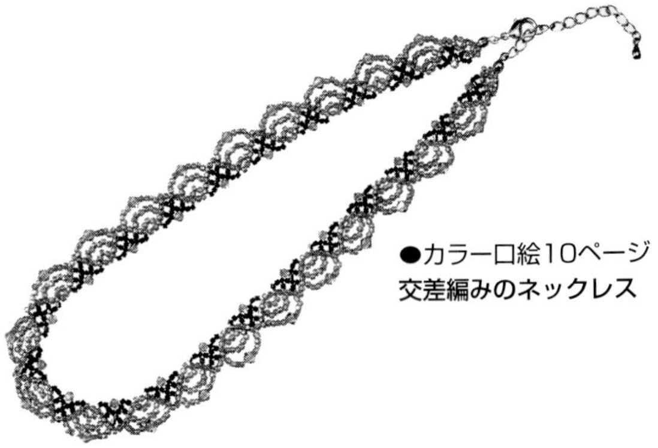

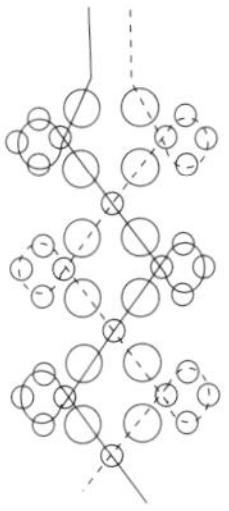

●カラー口絵10ページ
交差編みのネックレス

■交差編みのネックレス

始め
結ぶ
ビーズ

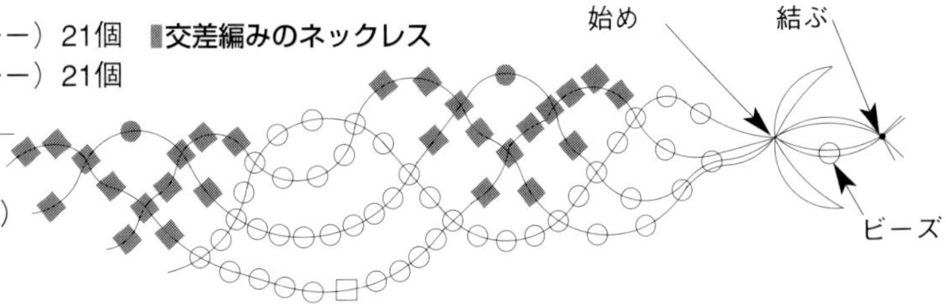

赤い屋根の小物入れ

●カラー口絵27ページ

作り方の要点
　織り始めと織り終わりの40段は、ダブル織りです。織り上がって縦糸を引く前に、底の減目の部分を先に引くと、カーブは前後につきます。表裏は同じ絵柄です。

目数・段数　85目×144段
寸法　12.4cm×12.2cm
縦糸　160cm×86本
糸の張り方　ダブル織り（37ページ参照）

パーツ
プラスチック板（2cm×12cm／2枚、中芯）、裏地、糸（α706-4／ベージュ）

ビーズ

記号	品番	色	数量
無印	TB-123	（ベージュ）	20g
●	TB-351	（淡ブルー）	944粒
◁	TB-1F	（透明白つや消し）	158粒
▶	TB-121	（パール系白）	160粒
▼	TB-9F	（透明グレーつや消し）	54粒
◀	TB-8F	（透明紫つや消し）	34粒
○	TB-45	（赤）	48粒
▷	TB-101	（透明白）	130粒
●	TB-330	（赤茶）	40粒
▼	TB-50F	（淡オレンジつや消し）	264粒
▽	TB-10F	（透明オレンジつや消し）	194粒
✕	TB-41	（白）	384粒
◆	TB-702	（焦げ茶つや消し）	200粒
⋈	TB-407	（オーロラ若草色）	1,002粒
◆	TB-940F	（透明モスグリーンつや消し）	554粒
◇	TB-824	（モスグリーン）	184粒
✕	TB-795	（若草色）	284粒
✣	TB-7F	（明るいグリーン）	436粒

■赤い屋根の小物入れ

- ● TB-566（グレーつや消し）116粒
- △ TB-617（濃焦げ茶）382粒
- ◀ TB-741（薄ココア色）270粒
- ▲ TB-613（グレーミックス）744粒
- ◆ TB-796（グリーン）72粒
- ▲ TB-102（透明黄色）6粒
- ◆ TB-42B（濃黄色）48粒

ダイヤ柄のアムレットとお花のピコットのネックレス

●カラー口絵10、11ページ

ダイヤ柄のアムレット
作り方の要点
　この作品は手織り（58,59ページ参照）の作品です。

目数・段数　22目×30段
寸法　2.5cm×3cm

ビーズ
- ✕ TB-145（淡ピンク）3g
- ○ TB-504（紺系赤紫）3g
- ◆ 3×6（パール銀なつめ）8粒
- ◀ 21六角大（銀）12粒
- ▽ 六角大82（紺）8粒

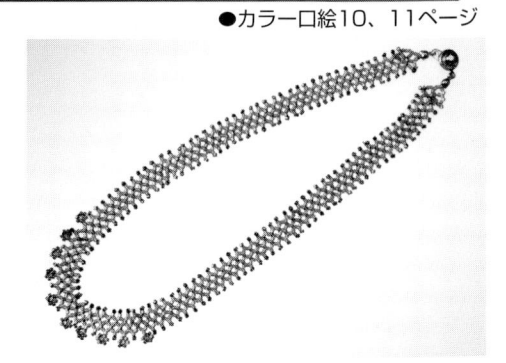

パーツ
糸（α705-4/ベージュ）

■アムレット

■ひも（60cm）

■ネックレス
始め

お花のピコットのネックレス
作り方の要点
　1本の糸で、左右のピコットを作りながら、必要な長さまで作ります。中心外側にお花のピコットを10個作りながら編みます。
寸法　1.2cm×50cm

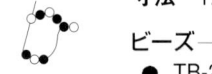

ビーズ
- ● TB-262（黄土色）5g
- ○ TB-564（ワイン色）3g

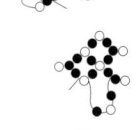

パーツ
ダルマチップ（9-4-1G）
ニューホック（大9-1-3G）
糸（α705-4/ベージュ）

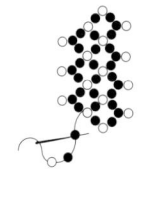

■お花のピコットの作り方
拡大図

ペンダントA・B

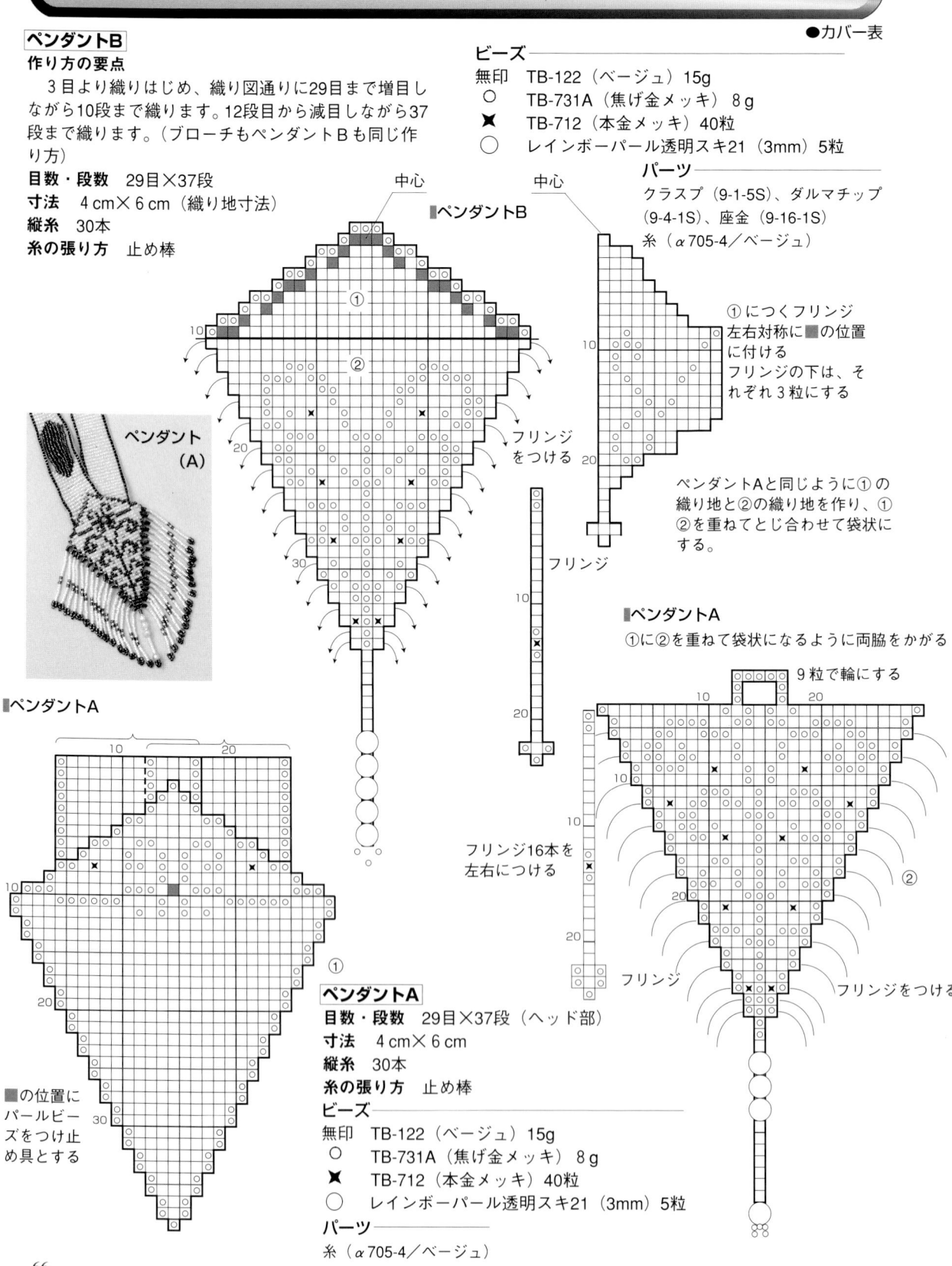

●カバー表

ペンダントB
作り方の要点

3目より織りはじめ、織り図通りに29目まで増目しながら10段まで織ります。12段目から減目しながら37段まで織ります。(ブローチもペンダントBも同じ作り方)

目数・段数	29目×37段
寸法	4cm×6cm (織り地寸法)
縦糸	30本
糸の張り方	止め棒

ビーズ

無印	TB-122 (ベージュ)	15g
○	TB-731A (焦げ金メッキ)	8g
✖	TB-712 (本金メッキ)	40粒
◯	レインボーパール透明スキ21 (3mm)	5粒

パーツ
クラスプ (9-1-5S)、ダルマチップ (9-4-1S)、座金 (9-16-1S)
糸 (α705-4/ベージュ)

■ペンダントB

中心

①につくフリンジ左右対称に■の位置に付ける
フリンジの下は、それぞれ3粒にする

ペンダントAと同じように①の織り地と②の織り地を作り、①②を重ねてとじ合わせて袋状にする。

フリンジをつける

フリンジ

■ペンダントA

①に②を重ねて袋状になるように両脇をかがる

9粒で輪にする

フリンジ
フリンジをつける

フリンジ16本を左右につける

■ペンダントA

ペンダントA

目数・段数	29目×37段 (ヘッド部)
寸法	4cm×6cm
縦糸	30本
糸の張り方	止め棒

ビーズ

無印	TB-122 (ベージュ)	15g
○	TB-731A (焦げ金メッキ)	8g
✖	TB-712 (本金メッキ)	40粒
◯	レインボーパール透明スキ21 (3mm)	5粒

パーツ
糸 (α705-4/ベージュ)

■の位置にパールビーズをつけ止め具とする

ペンダント (A)

■ペンダント（A）のストリング部　　　　　■ペンダント（B）のストリング部

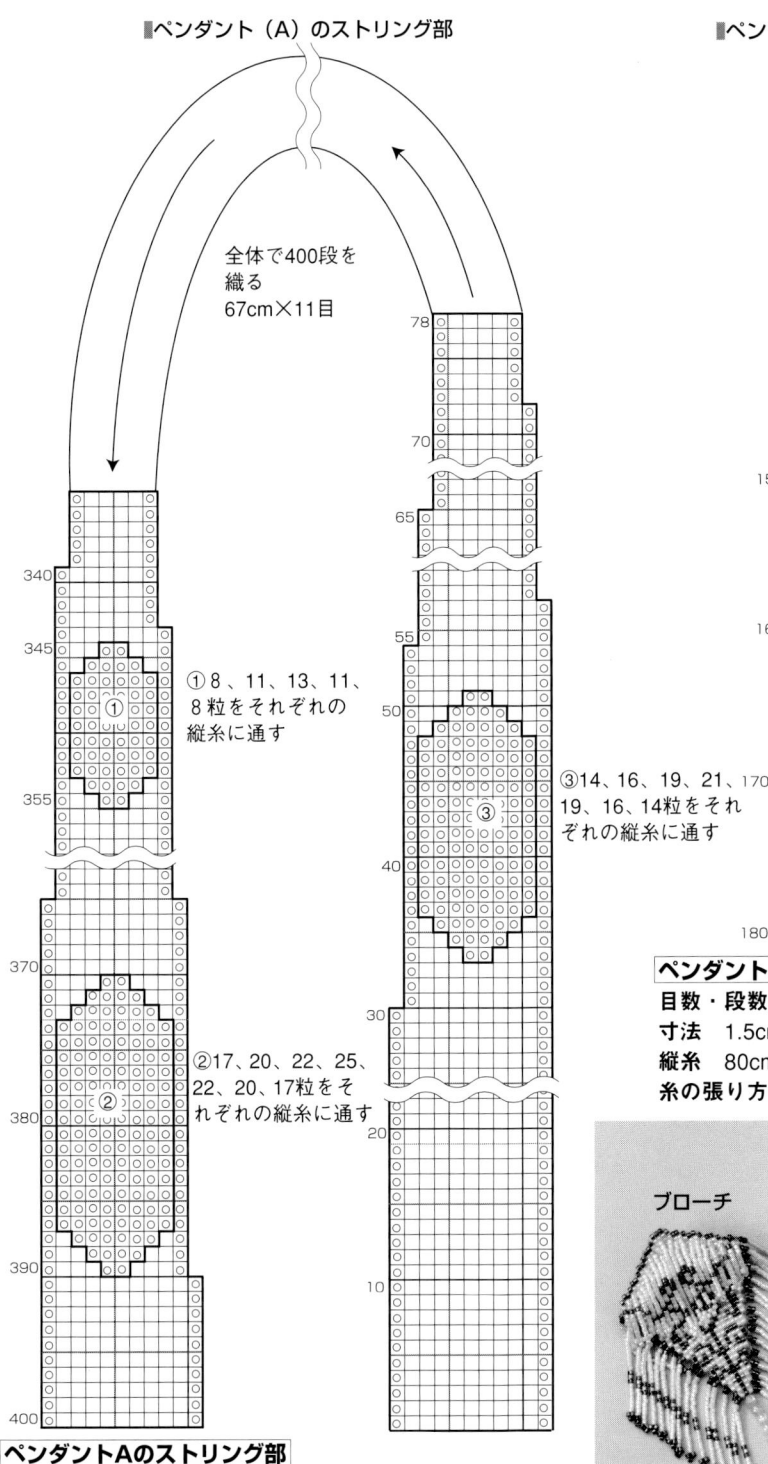

全体で400段を織る
67cm×11目

① 8、11、13、11、8粒をそれぞれの縦糸に通す

③ 14、16、19、21、19、16、14粒をそれぞれの縦糸に通す

② 17、20、22、25、22、20、17粒をそれぞれの縦糸に通す

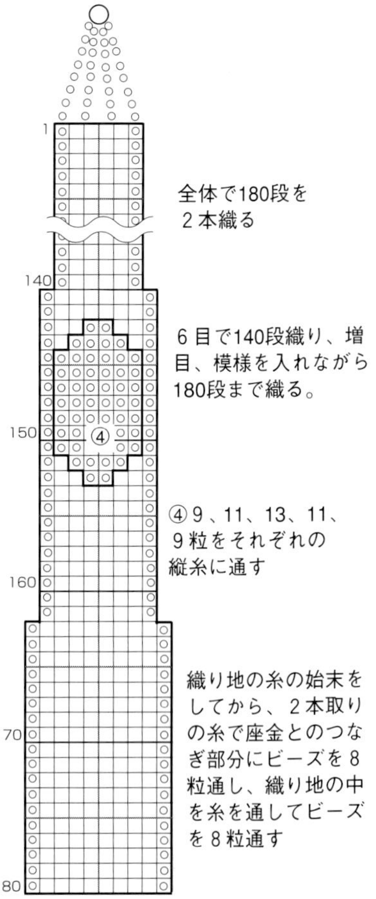

全体で180段を2本織る

6目で140段織り、増目、模様を入れながら180段まで織る。

④ 9、11、13、11、9粒をそれぞれの縦糸に通す

織り地の糸の始末をしてから、2本取りの糸で座金とのつなぎ部分にビーズを8粒通し、織り地の中を糸を通してビーズを8粒通す

ペンダントBのストリング部
目数・段数　10目×180段
寸法　1.5cm×30cm
縦糸　80cm×11本
糸の張り方　押さえ棒

ペンダントAのストリング部
目数・段数　11目×400段
寸法　1.5cm×67cm
縦糸　180cm×12本
糸の張り方　押さえ棒

ブローチ
ビーズ
無印　TB-122（ベージュ）3g
○　TB-731A（焦げ金メッキ）4g
✖　TB-712（本金メッキ）40粒
○　レインボーパール透明スキNo.21（3mm）5粒

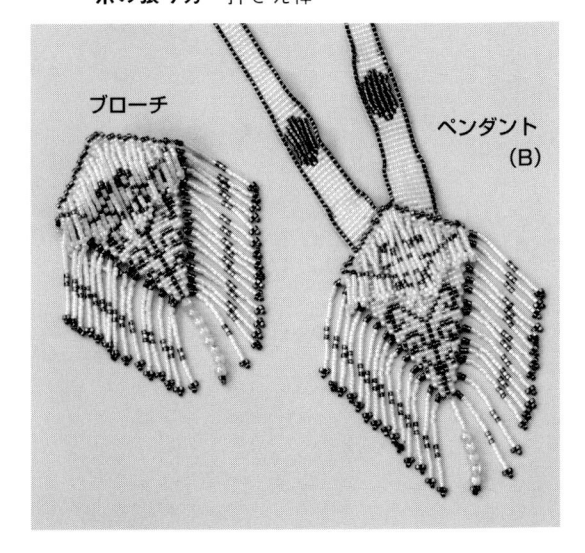

パーツ
ブローチ金具（9-31-5G）
糸（α705-4／ベージュ）

ブレスレット、イヤリングと指輪

●カラー口絵19ページ

■ネットのブレスレット
作り方の要点

ビーズ3目で79段のものを2枚織り、その間に図のようにネットで編んでつなぎます。留め具は図のようにビーズでリングを作り、6mmのメタルビーズをつけてまとめます。

目数・段数 3目×79段 2枚
寸法 4.5cm×13cm（全体16cm）
縦糸 50cm×4本×2
糸の張り方 押さえ棒

ビーズ
無印と○ A-278（ベージュオーロラ）12g

パーツ
メタルビーズ（α7165S／6mm／3個）
糸（α705-4／ベージュ）

■ネット編みのブレスレット

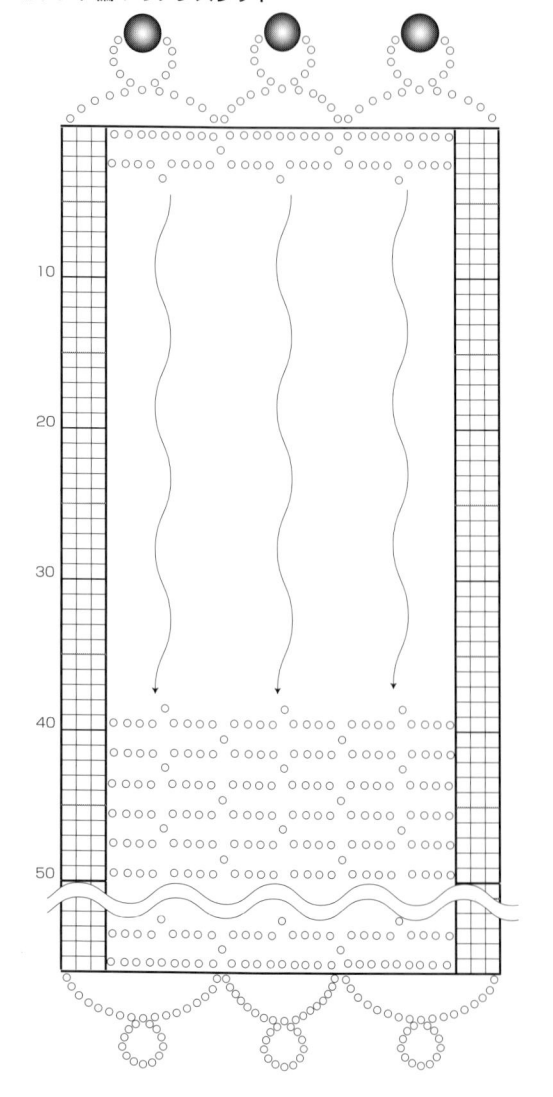

■イヤリング
作り方の要点

1本の糸で1～7までの房を作ります。作り終わったら輪になるように絞り、ダルマチップで糸始末して、イヤリング用金具に取りつけます。

ビーズ
○ A-278（ベージュオーロラ）6g

パーツ
メタルビーズ（α7165S／6mm／2個）
ダルマチップ（9-4-1G／2個）
イヤリング金具（9-12-8G／1セット）
糸（α705-4／ベージュ）

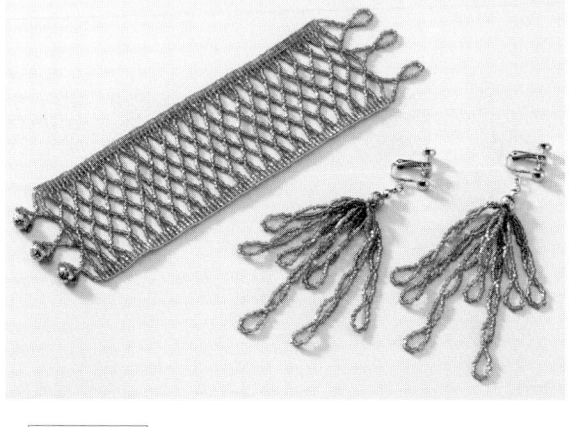

■イヤリング

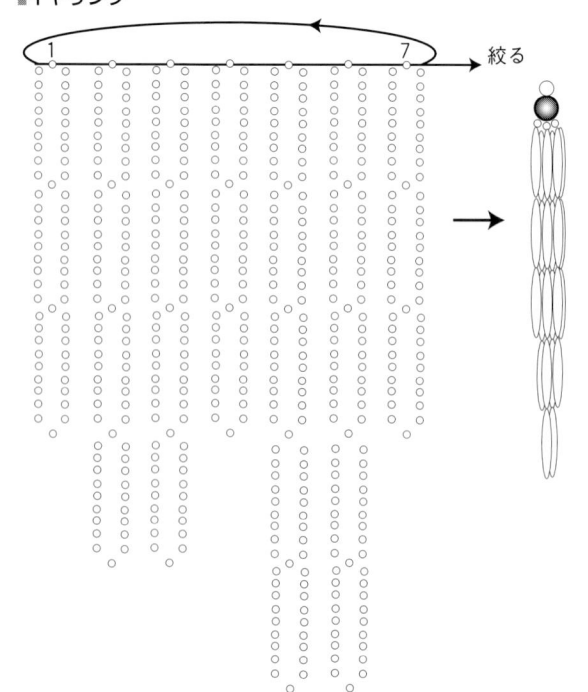

作り方の要点

イヤリングと指輪は、止め棒の糸張りで織ります。リングは必要寸法まで織って、輪にとじて仕上げます。

ブレスレットは、はじめ45段、終わり45段（中央までダブル）ダブル織りにします。イヤリングはイヤリング金具にボンドで貼ります。

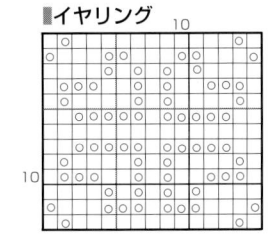

花模様のブレスレット

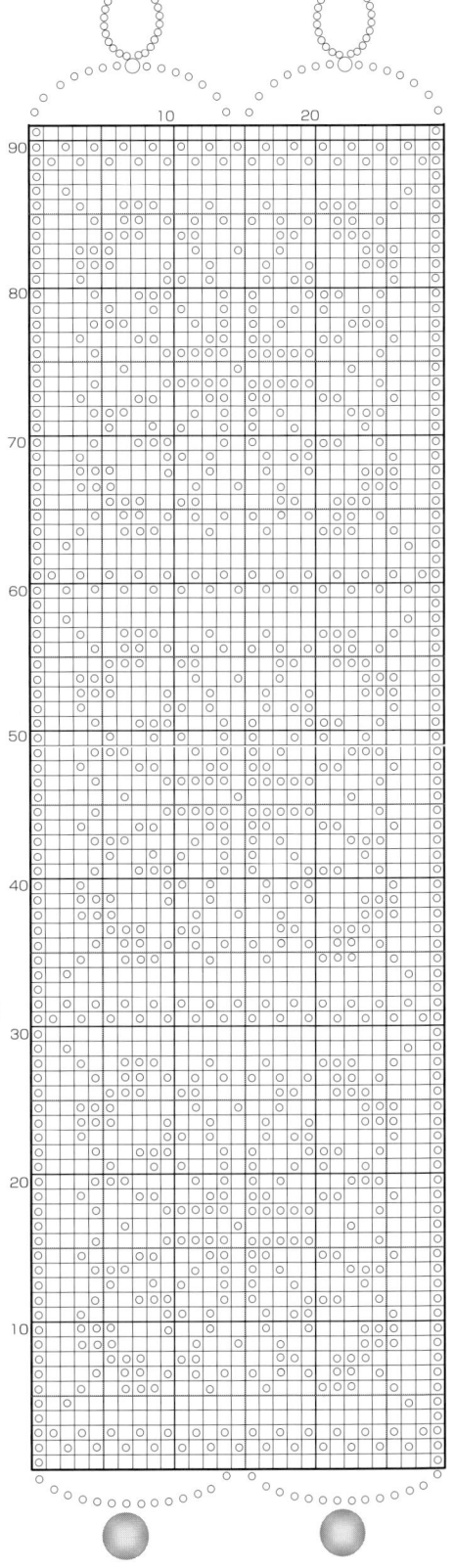

目数・段数 29目×91段
寸法 7cm×15cm
縦糸 120cm×30本
糸の張り方 ダブル織り（37ページ参照）

ビーズ
無印　TB-21（透明銀）10g
○　　TB-332（ワインレッド）5g

パーツ
トップパーツ（α1574）、天然石カーネリアン（2個）
糸（α705-4／ベージュ）

指輪

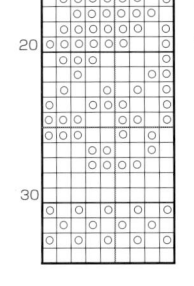

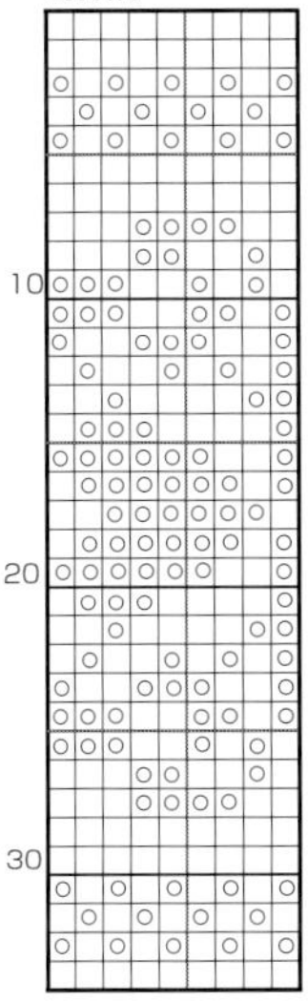

目数・段数 9目×34段
寸法 1.3cm×5cm
縦糸 10本
糸の張り方 止め棒

ビーズ
無印　TB-21（透明銀）1g
○　　TB-332（ワインレッド）1g

パーツ
糸（α705-4／ベージュ）

イヤリング

目数・段数 15目×13段
寸法 2cm×2cm
縦糸 16本
糸の張り方 止め棒

ビーズ
無印　TB-21（透明銀）1g
○　　TB-332（ワインレッド）1g

パーツ
イヤリング金具（E-413）
糸（α705-4／ベージュ）

ワイングラス飾りとカード立て

●カラー口絵26ページ

作り方の要点
　グラスのサイズによって変わりますが、下の葉を止めるとき、しっかりつけると、上から見たときハートの形が浮き出ます。カード立ては縦糸と横糸にテグスを使用し、フリンジのみ糸を使用します。

■ワイングラス飾り「花びら」
目数・段数　67目×68段
寸法　横10.5cm×縦11cm
縦糸　68本
糸の張り方　止め棒

ビーズ
無印　TB-161　1000粒
・　　TB-241　458粒
○　　スワロフスキーブルー（3mm丸カット）110個
◯　　スワロフスキー透明オーロラ（3mm丸カット）200個
◇　　スワロフスキー透明オーロラ（4mmそろばん玉）81個

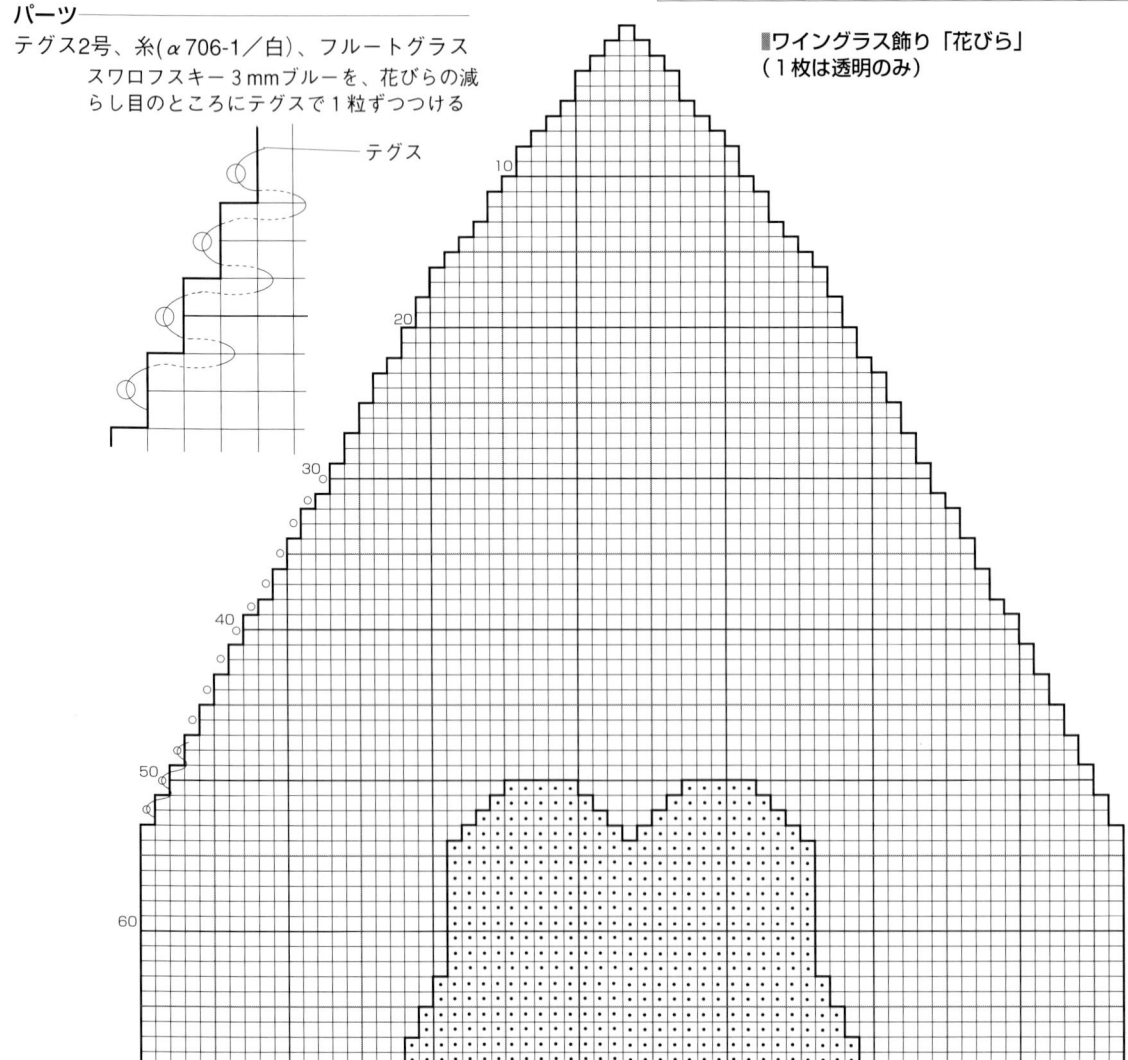

パーツ
テグス2号、糸(α706-1／白)、フルートグラス
スワロフスキー3mmブルーを、花びらの減らし目のところにテグスで1粒ずつつける

■ワイングラス飾り「花びら」
（1枚は透明のみ）

■ワイングラス飾り「首の部分」

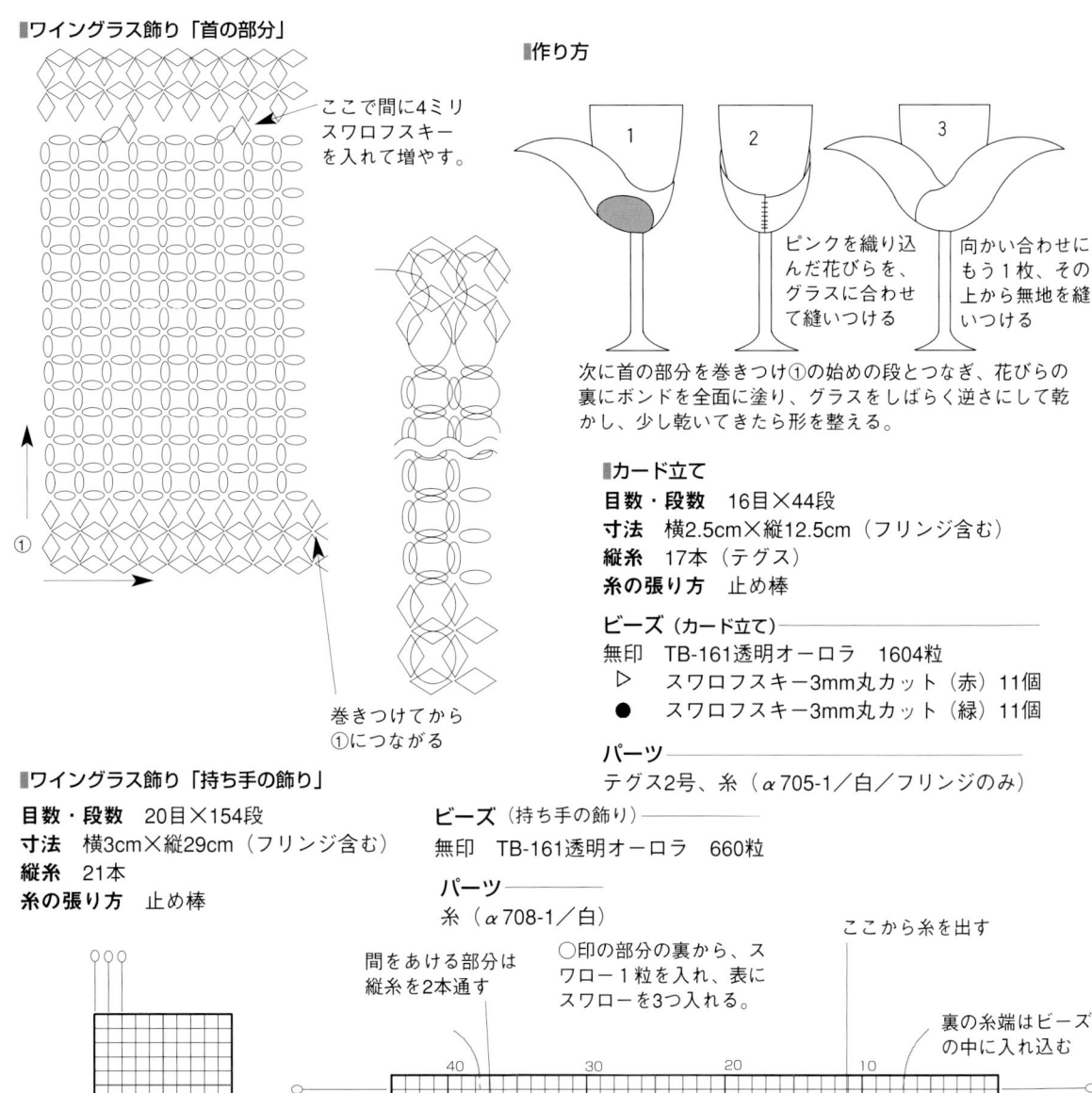

ここで間に4ミリスワロフスキーを入れて増やす。

①

巻きつけてから①につながる

■ワイングラス飾り「持ち手の飾り」

目数・段数 20目×154段
寸法 横3cm×縦29cm（フリンジ含む）
縦糸 21本
糸の張り方 止め棒

フリンジは、カード立てもワイングラス飾りも同じ。

■フリンジ

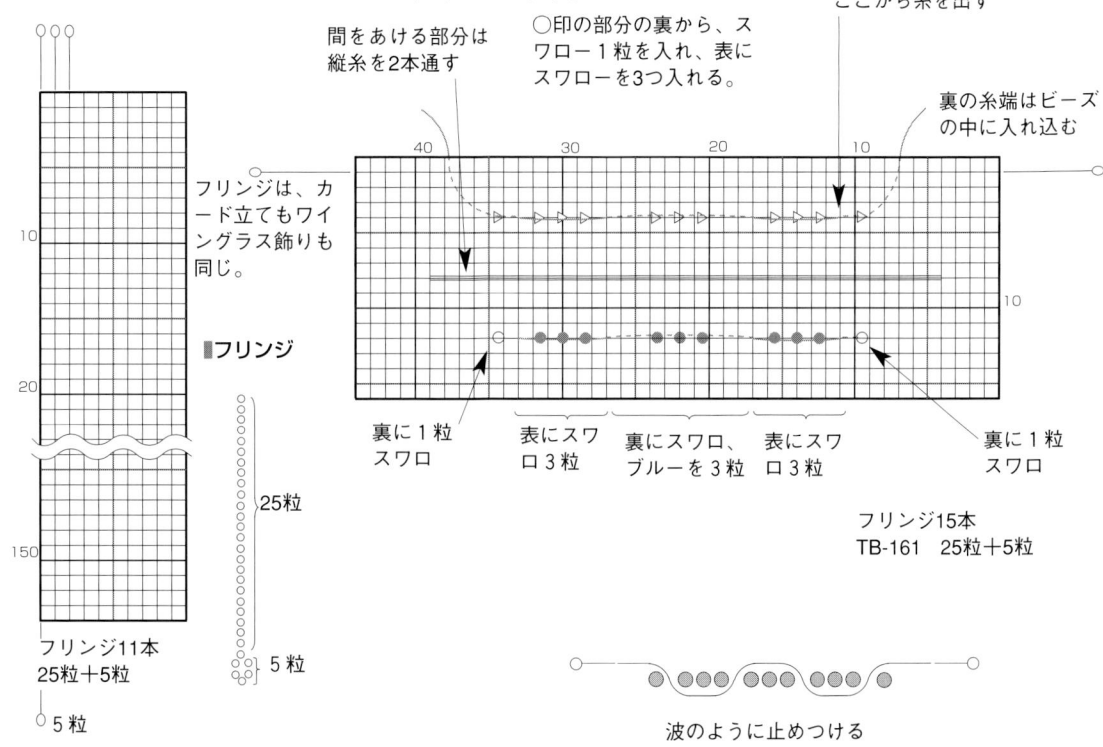

フリンジ11本
25粒＋5粒

5粒

5粒

■作り方

1　2　3

ピンクを織り込んだ花びらを、グラスに合わせて縫いつける

向かい合わせにもう1枚、その上から無地を縫いつける

次に首の部分を巻きつけ①の始めの段とつなぎ、花びらの裏にボンドを全面に塗り、グラスをしばらく逆さにして乾かし、少し乾いてきたら形を整える。

■カード立て

目数・段数 16目×44段
寸法 横2.5cm×縦12.5cm（フリンジ含む）
縦糸 17本（テグス）
糸の張り方 止め棒

ビーズ（カード立て）
無印　TB-161透明オーロラ　1604粒
▷　スワロフスキー3mm丸カット（赤）11個
●　スワロフスキー3mm丸カット（緑）11個

パーツ
テグス2号、糸（α705-1／白／フリンジのみ）

ビーズ（持ち手の飾り）
無印　TB-161透明オーロラ　660粒

パーツ
糸（α708-1／白）

間をあける部分は縦糸を2本通す

○印の部分の裏から、スワロー1粒を入れ、表にスワローを3つ入れる。

ここから糸を出す

裏の糸端はビーズの中に入れ込む

裏に1粒スワロ　表にスワロ3粒　裏にスワロ、ブルーを3粒　表にスワロ3粒　裏に1粒スワロ

フリンジ15本
TB-161　25粒＋5粒

波のように止めつける

シェーヌ・ベールのブレスレットとイヤリング

●カラー口絵12ページ

作り方の要点

織り地に直接、ニューホックをつけて仕上げます。ダブル織りの増減のときは、織る両端の縦糸（ダブルになっている）2本の間に針を入れます。入れないで織ると糸を引いたときにビーズが抜けてしまいます。

目数・段数 33目×88段
寸法 4.8cm×15cm
縦糸 125cm×34本
糸の張り方 ダブル織り（37ページ参照）

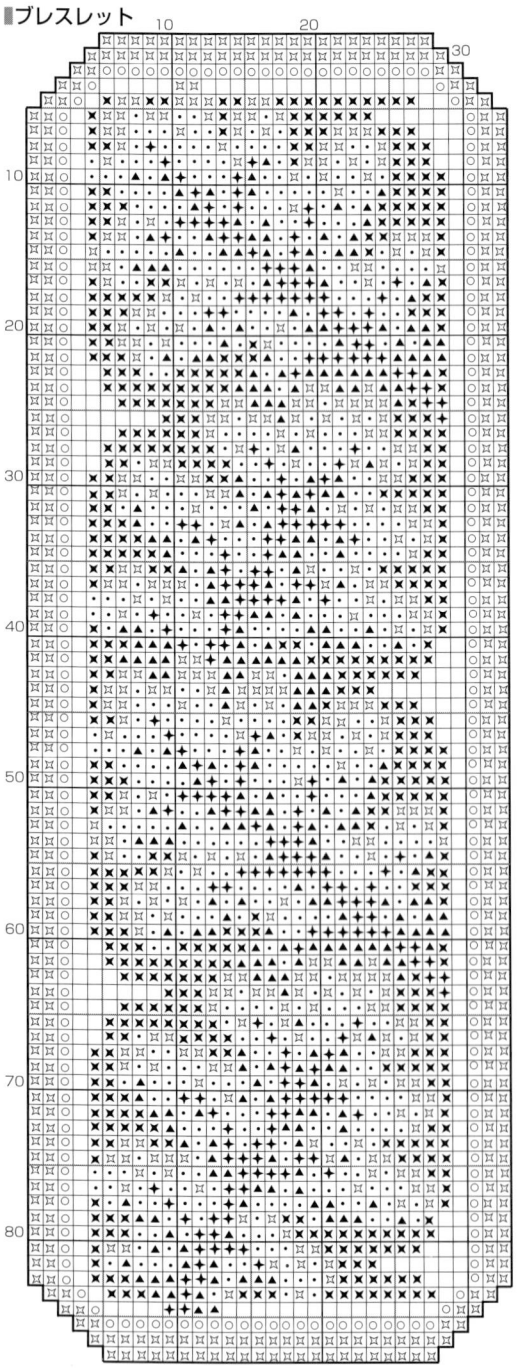

■ブレスレット

ブレスレット

ビーズ

無印	TB-614（アッシュグレー）	2g
○	TB-421（レイズン）	2g
☆	TB-557（金）	5g
▲	TB-119（深緑）	2g
✚	TB-221（金茶）	2g
・	TB-457（モスグリーン）	4g
✖	TB-762（つや消し生成り）	3g

パーツ
糸（α705-3／グレー）
ニューホック（大9-1-3G／2組）

イヤリング

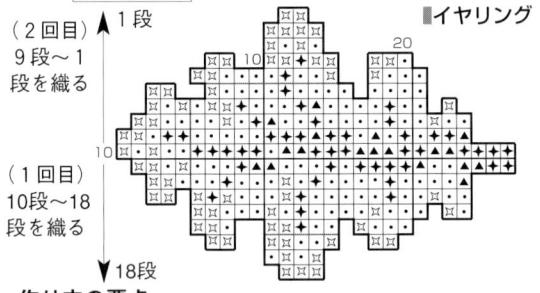

■イヤリング

（2回目）9段～1段を織る
（1回目）10段～18段を織る

作り方の要点

止め棒を使う方法で糸を張り、10段目から織り始め各山部分は1山ずつ織ります。横糸はすでに織った織り地の中をくぐり、次の山に進みます。18段まで織ったら織り機を反転させ、新しく横糸を足して、9段から1段まで織ります。

目数・段数 27目×18段
寸法 3.8cm×3cm
縦糸 28本
糸の張り方 止め棒

ビーズ

☆	TB-557（金）	140粒
▲	TB-119（深緑）	32粒
✚	TB-221（金茶）	102粒
・	TB-457（モスグリーン）	244粒

パーツ
イヤリング金具（9-12-8G）
9ピン（9-8-1G）
座金（α-520MG／2個）
つや消し金パール（α48／2個）
丸カン（9-6-4G）
糸（α705-3／グレー）

まとめ方

←丸カンの上にイヤリング金具
←9ピン
←座金
←パール
←TB-221 2粒
糸を結ぶ

ベルギー古典柄のブレスレット、リングとチョーカー

●カラー口絵6ページ

ブレスレット
作り方の要点
織り地の端に別糸にTB-610を3粒通した糸を2本出してダルマチップに通し、片方の糸にビーズを1粒通して、糸を2、3回結んで糸を切って、接着剤を糸につけてダルマチップをとじて、ニューホックとダルマチップを丸カンでつなぎます。

目数・段数 9目×83段
寸法 1.2cm×14.6cm
縦糸 125cm×10本
糸の張り方 ダブル織り（37ページ参照）

ビーズ
無印　TB-610（つや消し黒）3g
✷　　TB-712（金）3g

パーツ
ダルマチップ（9-4-1G）
ニューホック大（9-1-3G）
糸（α705-2／黒）

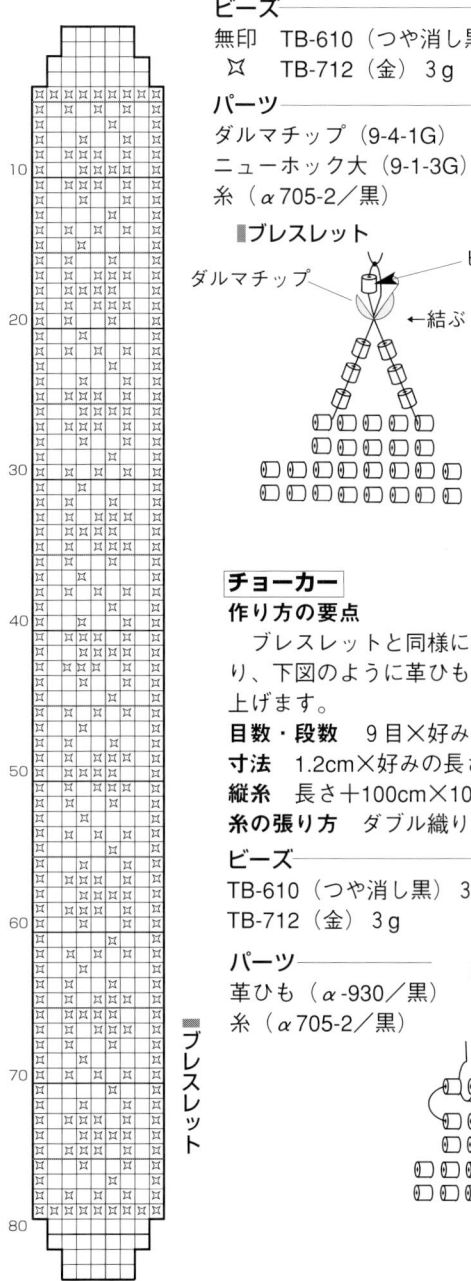

■ブレスレット
ダルマチップ　ビーズ1粒　←結ぶ

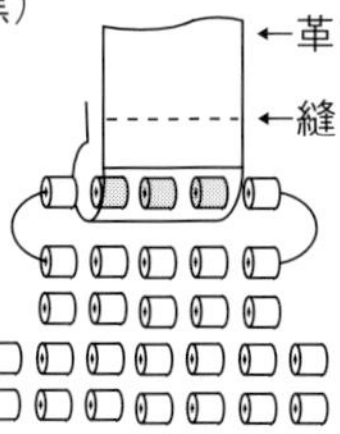

リング
作り方の要点
止め棒を使う方法で糸を張って織ります。織り上がったら織り地を合わせてコの字にとじます。

目数・段数 9目×34段
寸法 1.2cm×5.8cm
縦糸 10本
糸の張り方 止め棒

ビーズ
無印　TB-610（つや消し黒）2g
✷　　TB-712（金）2g

パーツ
糸（α705-2／黒）

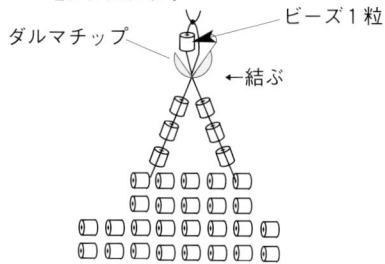

チョーカー
作り方の要点
ブレスレットと同様に好みの長さに織り、下図のように革ひもを縫いつけて仕上げます。

目数・段数 9目×好みの段数
寸法 1.2cm×好みの長さ
縦糸 長さ＋100cm×10本
糸の張り方 ダブル織り（37ページ参照）

ビーズ
TB-610（つや消し黒）3g
TB-712（金）3g

パーツ
革ひも（α-930／黒）
糸（α705-2／黒）

■チョーカー
←革ひも25cmくらい
←縫いとじる
←織り地とは別に、後からループをつける

■ブレスレット

■リング

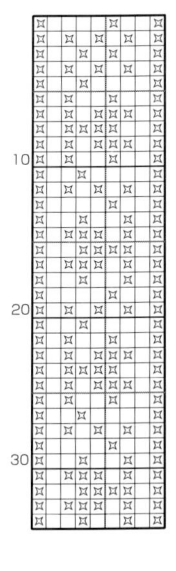

時計のブローチ

●カバー裏

作り方の要点
　砂時計も押さえ棒で作りましたが、大きな織り機で止め棒を使い、くびれているところに糸を集めて始末すると楽です。

目数・段数　29目×47段
寸法　横4cm×縦9cm
縦糸　60cm×30本
糸の張り方　押さえ棒

ビーズ
無印　TB-761（つや消し白）428粒
♦　TB-241（ピンク）224粒
○　TB-610（つや消し黒）194粒
△　TB-712（金）100粒

パーツ
ブローチピン（9-26-3S／3cm）、糸（α705-3／グレー）

■時計のブローチ

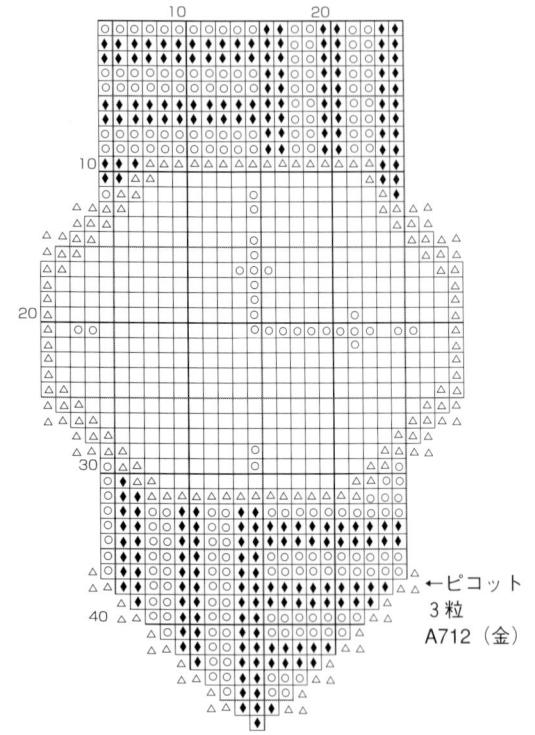

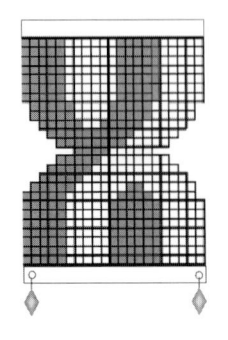

←ピコット
3粒
A712（金）

■砂時計のブローチ

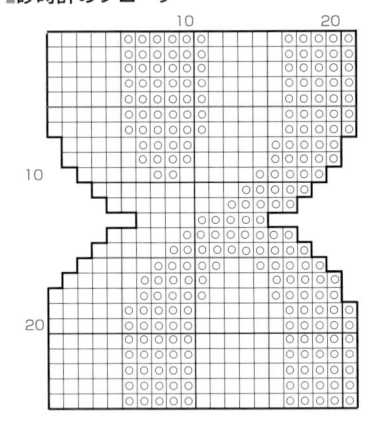

目数・段数　21目×25段
寸法　横3cm×縦5cm
縦糸　60cm×22本
糸の張り方　押さえ棒

ビーズ
無印　TB-49（黒）227粒
○　TB-711（ニッケル）235粒

パーツ
ブローチピン（9-26-3S／3cm）
ペンダント金具（9-32-3S／3cm）
つなぎカン、Tピン（9-9-1S）
スワロフスキー　そろばん玉2個
（黒4〜5mm）
（好みのものを使ってもよい）
糸（α705-2／黒）

バラのティッシュケースとナプキンリング

ナプキンリング

作り方の要点

織り上がったら縦糸の始末をし、上下をとじ合わせてリング状にします。
TB-121を8粒で両端に図案通りのピコットを入れて仕上げます。

●カラー口絵26ページ

目数・段数 27目×70段
寸法 幅6cm×長さ12cm
縦糸 28本
糸の張り方 止め棒

ビーズ（赤い花）

無印	TB-121	（パール白）13g
●	TB-786	（薄紫オーロラ）51個
◁	TB-780	（淡ピンクオーロラ）49個
▶	TB-779	（サーモンピンクオーロラ）72個
▽	TB-784	（薄紫オーロラ）46個
◀	TB-332	（ワイン色）63個

ビーズ（青い花）

無印	TB-121	（パール白）13g
●	TB-786	（薄紫オーロラ）51個
◁	TB-3L	（透ブルー）49個
▶	TB-776	（赤紫オーロラ）72個
▽	TB-782	（青オーロラ）46個
◀	TB-461	（濃紫）63個

ビーズ（黄色い花）

無印	TB-121	（パール白）13g
●	TB-770	（クリームオーロラ）51個
◁	TB-903	（クリーム）49個
▶	TB-904	（オレンジ）72個
▽	TB-128	（パール系黄色）46個
◀	TB-162	（淡黄色）63個

ビーズ（葉）

▽	TB-507	（グリーンミックス）30個
●	TB-457	（鶯色）35個
△	TB-710	（マットグリーン）18個
▲	TB-775	（若草オーロラ）11個
▲	TB-561	（グリーン）50個

パーツ

糸（α707-1／白）

■ナプキンリング

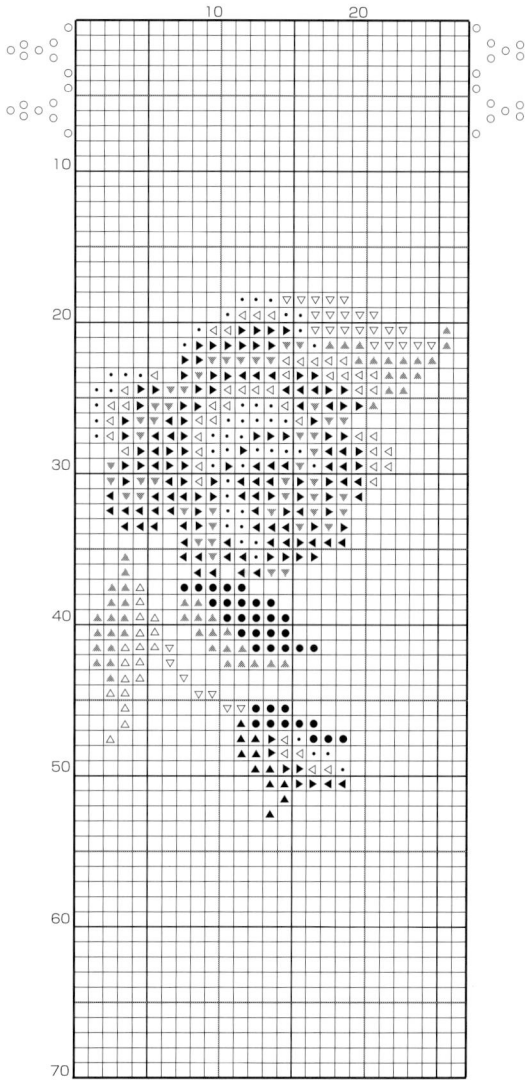

ティッシュケース

作り方の要点

A織り地、B織り地とC織り地を別に織る。3枚が織り上がったら、それぞれをとじ合わせて、最後にフリンジをつけます。

目数・段数　側面長38目×78段（A、C織り地）
　　　　　　側面短62目×38段（B織り地、上下2枚）
　　　　　　上面62目×78段（B織り地、上面1枚）
寸法　9cm×13cm×高さ5.5cm
縦糸　A・C織り地39本／B織り地180cm×63本
糸の張り方　A・C織り地／止め棒
　　　　　　B織り地／ダブル織り（37ページ参照）

側面短38段と上面78段何側面短38段を、縦糸63本、62目154段を続けて織る。1段から33段と122段から154段はダブル織りにし、ティッシュ取り出し口部分は、図案を参照し目を増減しながら織る。
取り出し口部分は、糸を引く前に縦糸を引きだし、糸の中央を切って縦糸の始末をし、図案のようにピコットで仕上げる。
側面長部分A、Cは、縦糸39本、38目78段織り、糸の始末をして上面部分とつなぎ合わせ、全体図の○部分をとじてボックスにする。最後に周囲をネットのフリンジ、ピコットに仕上げる。

ビーズ（バラ）
無印　TB-777（白オーロラ）75g
・　　TB-786（薄紫オーロラ）1g
◁　　TB-780（淡ピンクオーロラ）1g
▶　　TB-779（薄赤オーロラ）1g
▼　　TB-784（薄茶オーロラ）1g
◀　　TB-332（ワイン色）1g

ビーズ（青い花）
✖　TB-3L（透明ブルー）1g
◆　TB-782（青オーロラ）1g
☆　TB-776（赤紫オーロラ）1g
♦　TB-122（薄ベージュ）1g

ビーズ（黄色い花）
●　TB-904（ピンク）2g
▼　TB-903（薄オレンジ）2g
○　TB-162（薄オレンジオーロラ）1g
♦　TB-122（薄ベージュ）15個

ビーズ（葉）
▲　TB-457（淡鶯色）1g
▽　TB-507（グリーンミックス）1g
●　TB-710（つや消しグリーン）2g
△　TB-561（グリーン）1g
▲　TB-775（金）1g
✦　TB-278（薄茶オーロラ）1g

パーツ
糸（α707-1／白）

■ティッシュボックス

■フリンジ

■全体図
B織り地
A織り地　　C織り地

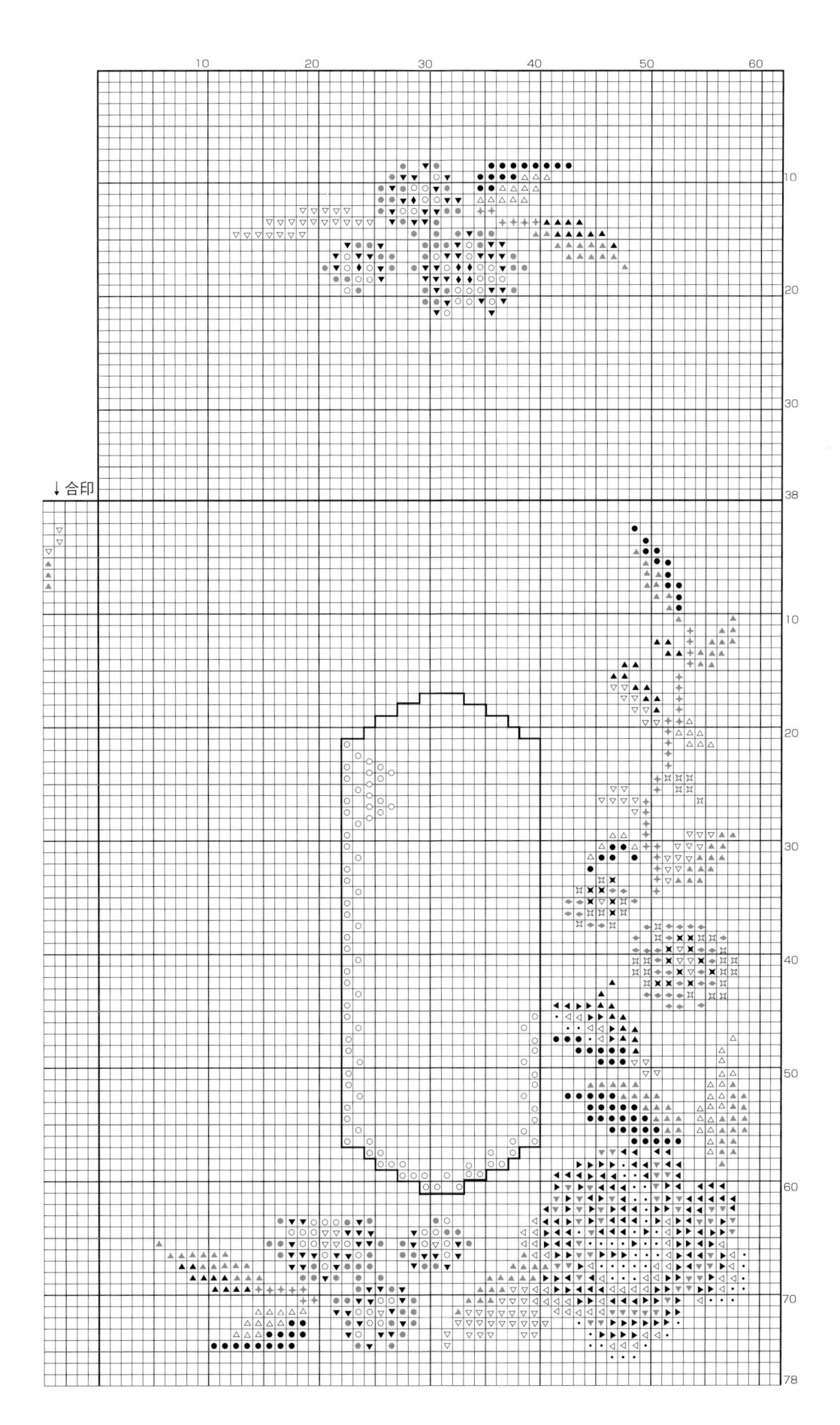

↓合印

77

麦の穂の巾着

●カラー口絵13ページ　合印↓

作り方の要点

　ダブルの糸張りで（はじめ40段、終わり40段）織ります。ひも通し部分はビーズ1個分開きます。織り方は下図のひも通し部分の織り方を参照してください。

- **目数・段数**　121目×（130段×2）260段
- **寸法**　17cm×22.5cm（フリンジ部含む）
- **縦糸**　180cm×122本
- **糸の張り方**　ダブル織り（37ページ参照）

ビーズ
- 無地　TB-49（黒）180g
- ★　TB-712（金）20g
- △　TB-457（濃若草色）20g

パーツ
- 糸（α707-2／黒）

この部分にひもを通す

■ひも通し部分の織り方　　　織りはじめ

12目	11目	11目	11目	11目	11目	11目	11目	11目	12目	
	⑩	⑨	⑧	⑦	⑥	⑤	④	③	②	①	20段
	↑	↓	↑	↓	↑	↓	↑	↓	↑	↓	26段

20段目で①をビーズ12個で6段織り、7段目（26段）は、横121個全部1段織り、②のところに横糸を持ってきて、織り機を逆さまにして②を織り③～⑩まで①②をくり返し織る。横糸の始末をして、27段から新しい糸で織る。

■ひも

4目×73cm
2本　A-49

ひもの糸の長さは73cm＋30cmを7本。両側の縦糸は2本ずつ。
本体にひもを通してから、向かい合わせに縦糸を入れ込んでとじ合わせる。

■ツイストのフリンジ
A-49　30個を通し、ねじりながら41ヵ所つける

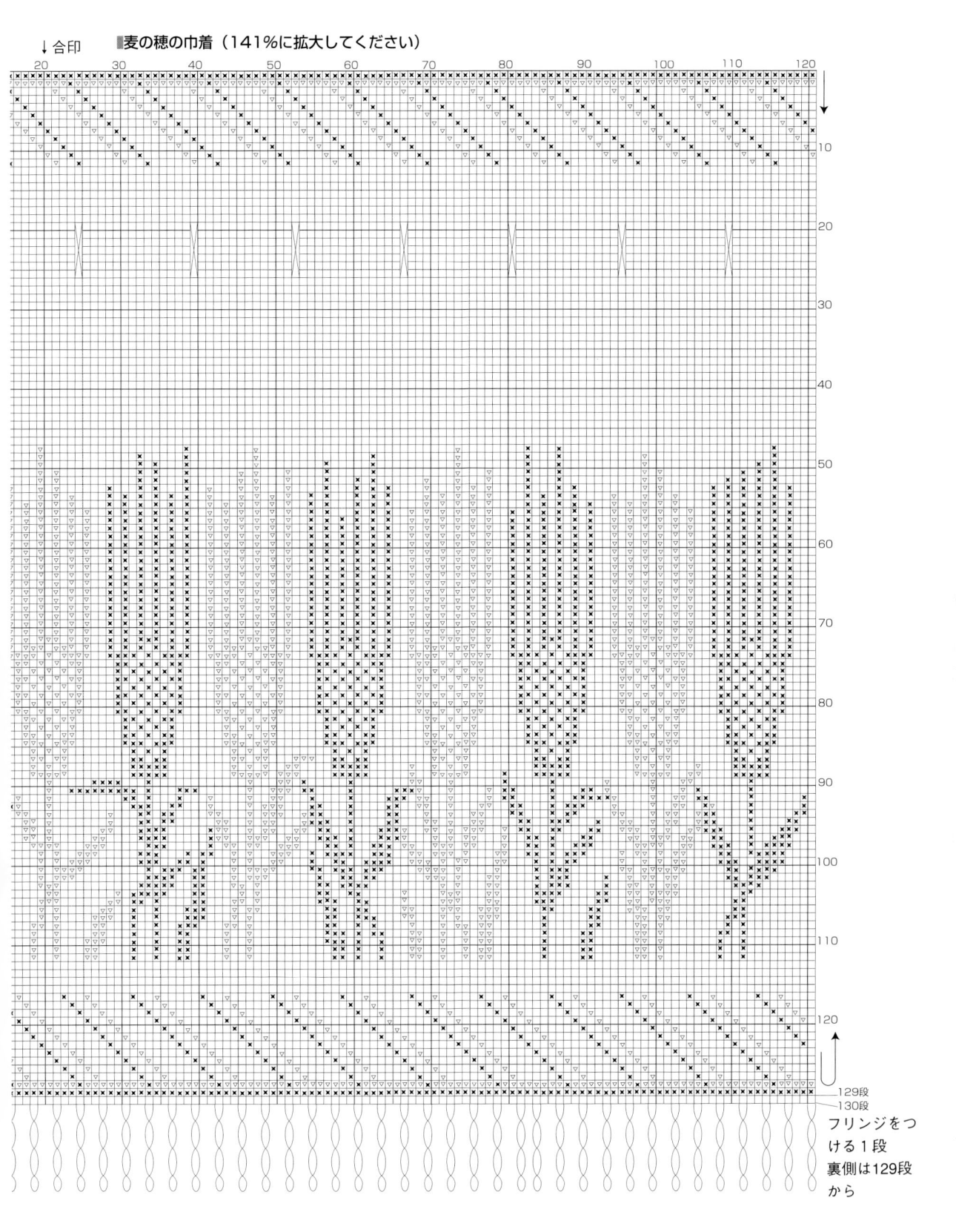

↓合印　■麦の穂の巾着（141％に拡大してください）

129段
130段

フリンジをつける1段
裏側は129段から

ゴールドとパールのカラー・ブローチ

●カラー口絵1ページ

作り方の要点

図のような構成で縦に作っていきます。好みによって長さを変えてもよい。糸は＃60糸を2本取りで、しっかりと糸を引くときれいにまとまる。

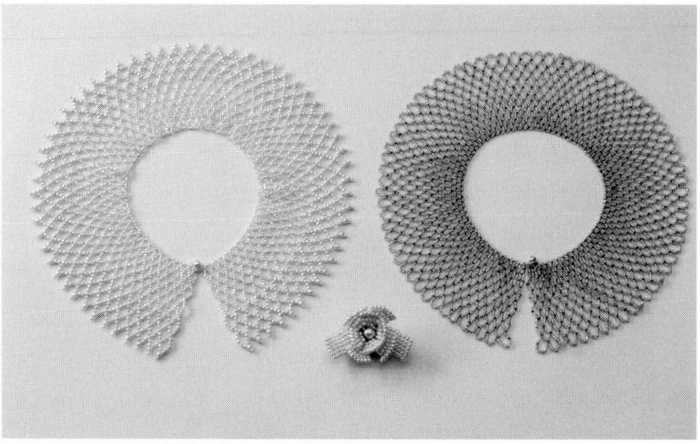

パールのカラー

寸法　内35cm×外70cm×中8cm

ビーズ（カルトラパール）
- 2.5mm　2,268個
- 3mm　1323個
- 4mm　63個
- 6mm　1個（止めパール）

パーツ
糸（α707-1／白）

パールのブローチ

ビーズ
- ○ 白パール3mm　272個

パーツ
- シャワーブローチ（9-20-2S／1個）
- 花芯（SS40／8.4mm／1個）
- ワイヤー（11-30-2S／4m×10）

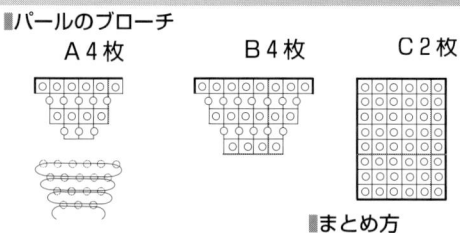

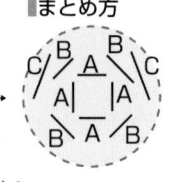

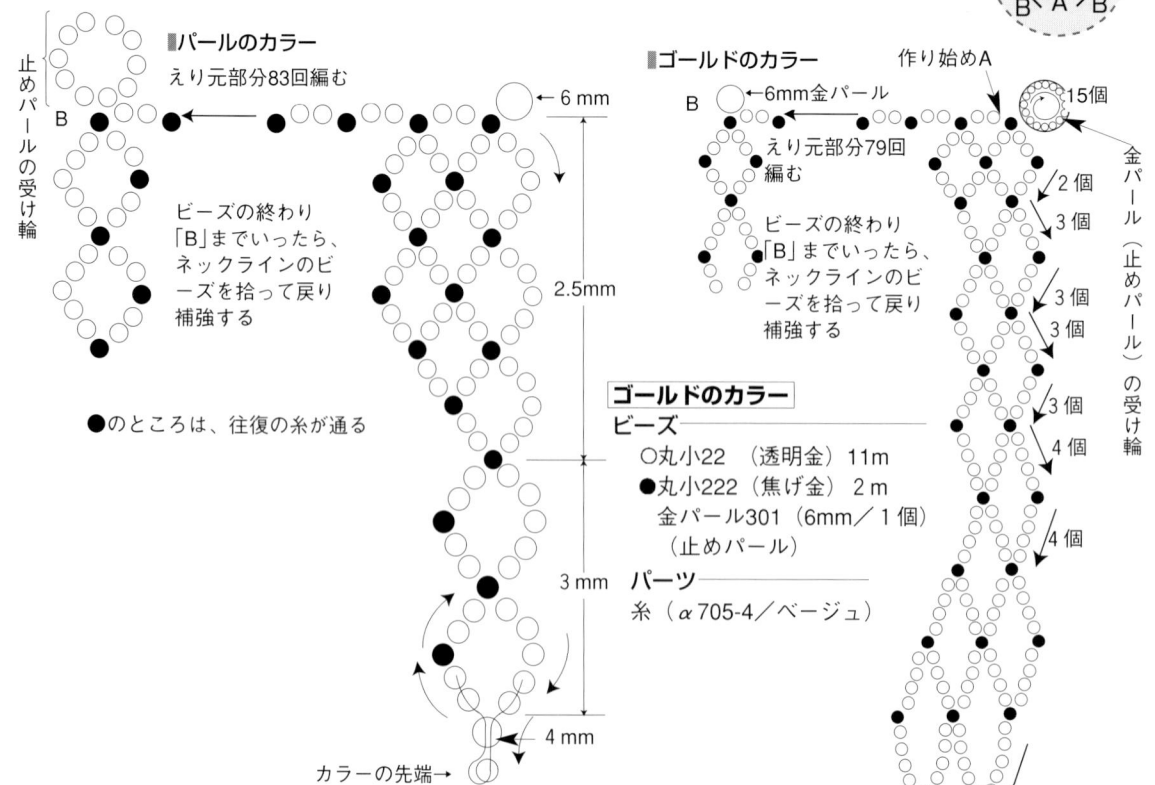

■パールのブローチ
A 4枚　　B 4枚　　C 2枚

この部分がシャワーブローチにつく

■まとめ方

シャワーブローチの台→

■パールのカラー
えり元部分83回編む

ビーズの終わり「B」までいったら、ネックラインのビーズを拾って戻り補強する

●のところは、往復の糸が通る

止めパールの受け輪

カラーの先端→

■ゴールドのカラー
作り始めA
←6mm金パール
えり元部分79回編む

ビーズの終わり「B」までいったら、ネックラインのビーズを拾って戻り補強する

ゴールドのカラー

ビーズ
- ○丸小22（透明金）　11m
- ●丸小222（焦げ金）　2m
- 金パール301（6mm／1個）（止めパール）

パーツ
糸（α705-4／ベージュ）

15個
金パール（止めパール）の受け輪
2個
3個
3個
3個
3個
4個
4個

竹ビーズのバッグ

●カラー口絵13ページ

作り方の要点
縦糸121本に竹ビーズ23個ずつ通しておきます。織り始め8段はダブル織り、本体が織り上がったらマチは手で仕上げます。ダブルの縦糸を引き終わったら、隣同士で結んで、結び目に軽く接着剤をつけて0.5cm残して切ります。

目数・段数	120目×125段	寸法	18cm×18.2cm
縦糸	180cm×121本	糸の張り方	ダブル織り（37ページ参照）

■持ち手の作り方
ダルマチップ
2本取りの糸に50cmのビーズ（丸小49）を通したものを4本作り、端をだるまチップで始末し、四つ編みで必要な寸法まで編み、余りのビーズをはずして、ダルマチップで始末する。

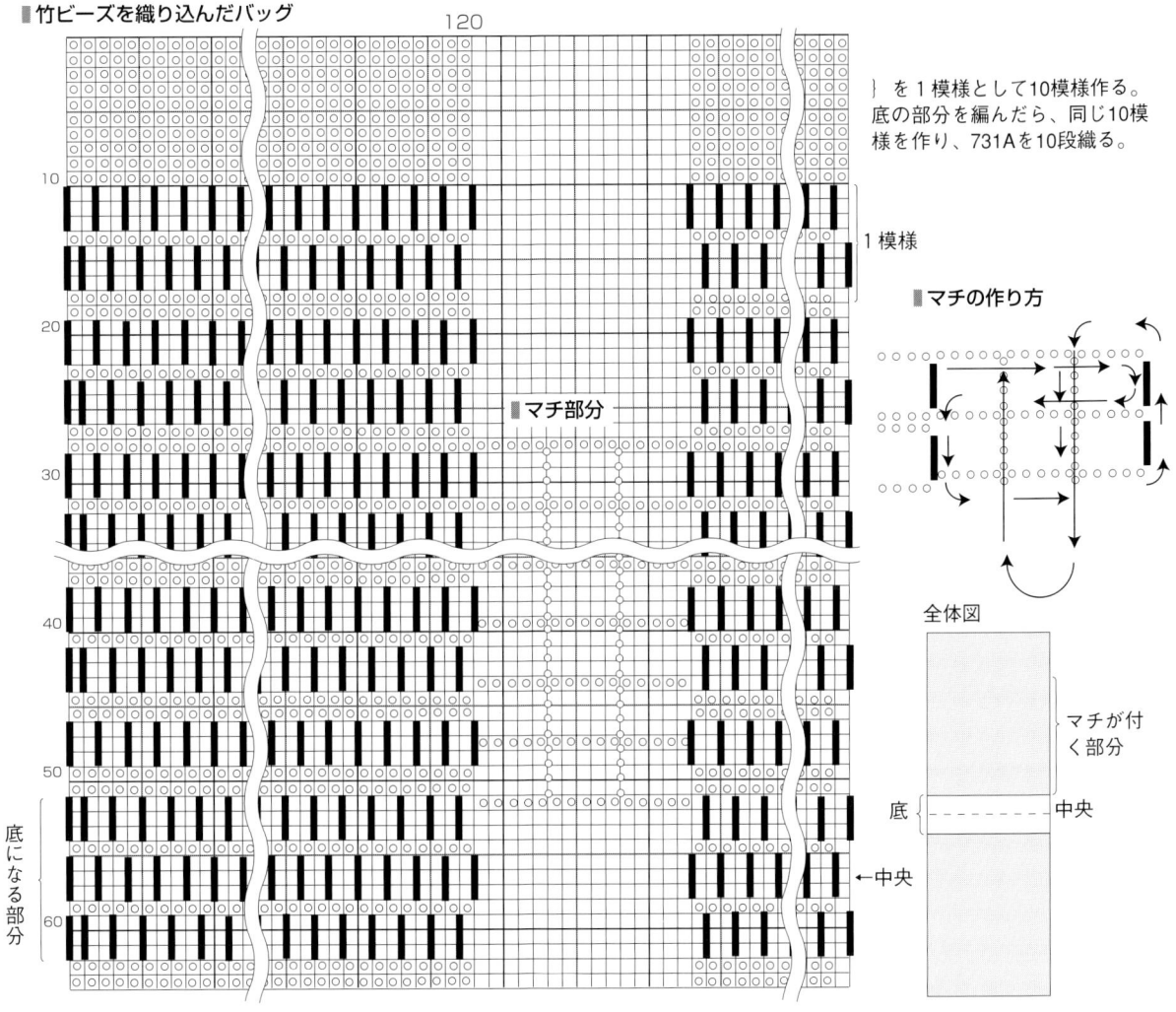

ビーズ
- ○ A-731A　（グリーンミックス）30g
- ● 丸小49　（黒）2m
- ▮ 2分竹49　（黒）18m

パーツ
- ダルマチップ（9-4-1S／4個）
- 口金、らせん棒（18cm／2本）
- つなぎ輪（9-6-6G／2個）
- 糸（α707-2／黒）

■竹ビーズを織り込んだバッグ

} を1模様として10模様作る。底の部分を編んだら、同じ10模様を作り、731Aを10段織る。

1模様

■マチ部分

■マチの作り方

全体図

マチが付く部分

底　中央

←中央

底になる部分

小花模様のポシェットとブローチ

●カラー口絵14ページ

小花模様のポシェット

作り方の要点

　上下左右対称のデザインのポシェットです。中心から図案を反転させて織ります。表裏同じ模様です。
　始めと終わり30段はダブル織りです。ブローチはポシェットと同色でデザインしました。

目数・段数　107目×220段
寸法　15.3cm×17.8cm
縦糸　180cm×108本
糸の張り方　ダブル織り（37ページ参照）

ビーズ

無印	TB-83	（メタリック系茶）	100g
○	TB-711	（シルバーグレイ）	25g
◆	TB-22	（透明金）	15g

パーツ

ダルマチップ（9-4-1S／2個）
糸（α706-2／黒）

■ポシェットのひも（長さ75cm）

←(3)
34段
←(2)
34段
←(1)
←ここまで一緒に織る
←ダルマチップ

ひもは糸を2本取りで18本、長さ45cmにする。
1段から7段まで6目で普通に織り(1)、8段目から2粒ずつ3本に分けて別々に34段織る。
次にTB-22を入れ、3本のひもに透き間を入れるために2段織り(2)、また別々に32段織り、横糸を通して3本をつなげて2段織る(3)。
これを1ストロークとして繰り返し、45cmにする。最後はスタートと同じに3本をつなげて7段織り、縦糸は6本残して他を始末し、それぞれのビーズを5個通して先にダルマチップをつけ、引き輪をつける。

■ポシェット（本体／上部）

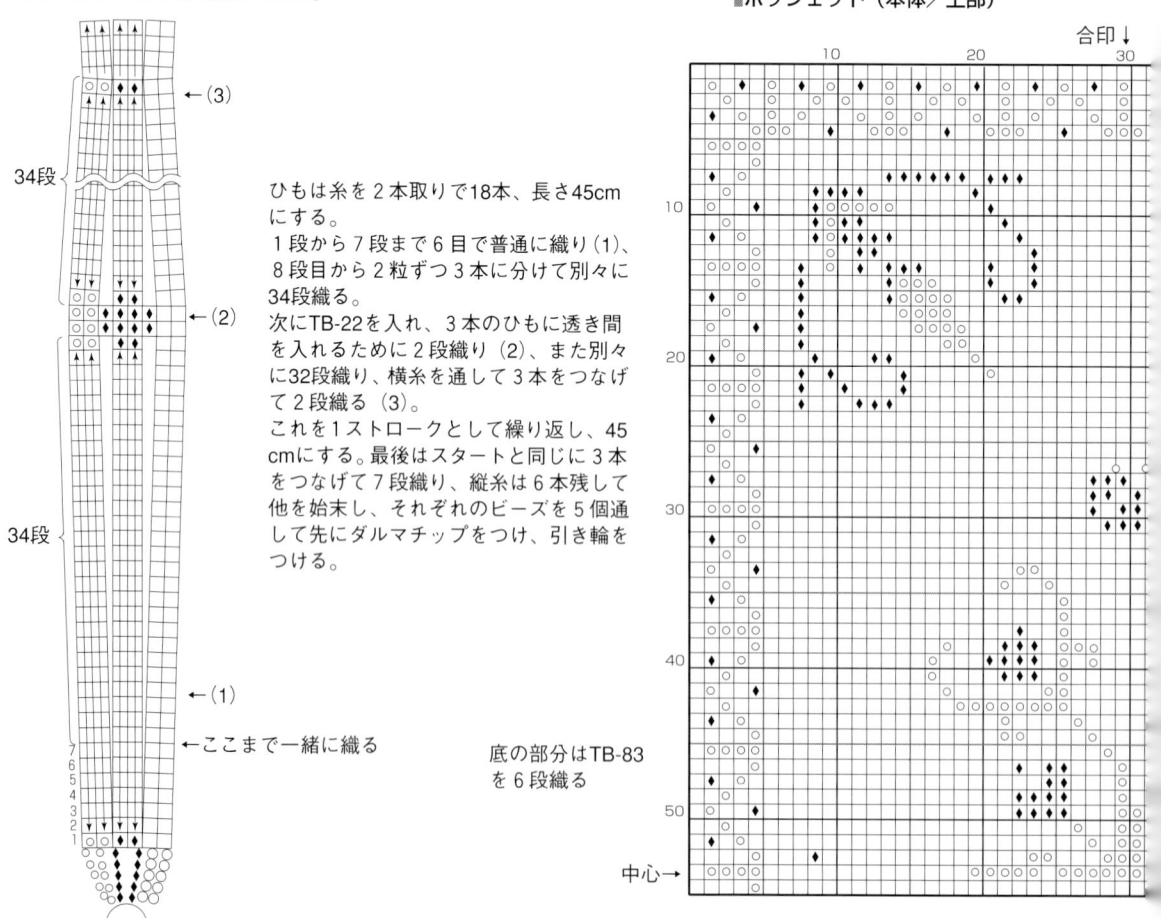

合印↓

底の部分はTB-83を6段織る

中心→

■ポシェットのまち

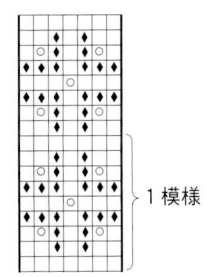

1模様

1模様を13.5回繰り返す。まちを縫いつけるとき、余った部分は底に縫い込む。

■ブローチ

目数・段数　21目×28段
寸法　5.5cm×3cm
縦糸　22本
糸の張り方　止め棒

ビーズ
無印　TB-83　（濃焦げ茶）　2g
○　　TB-711（銀）　1g
◆　　TB-22　（透明金）　1g

パーツ
ブローチピン（9-26-3S）
糸（α705-2／黒）

■ブローチ

フリンジ

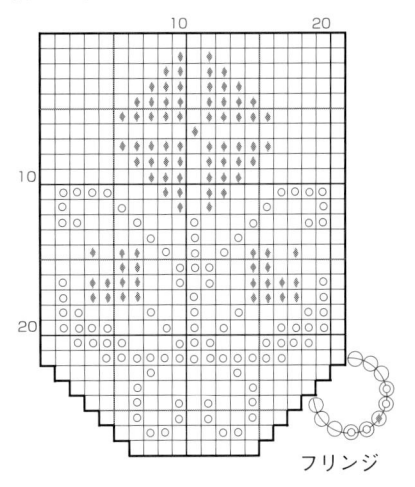

フリンジはTB-83を3個、TB-711を2個、TB-22を1個の順に11個で輪にして、これを14個作ってつける。

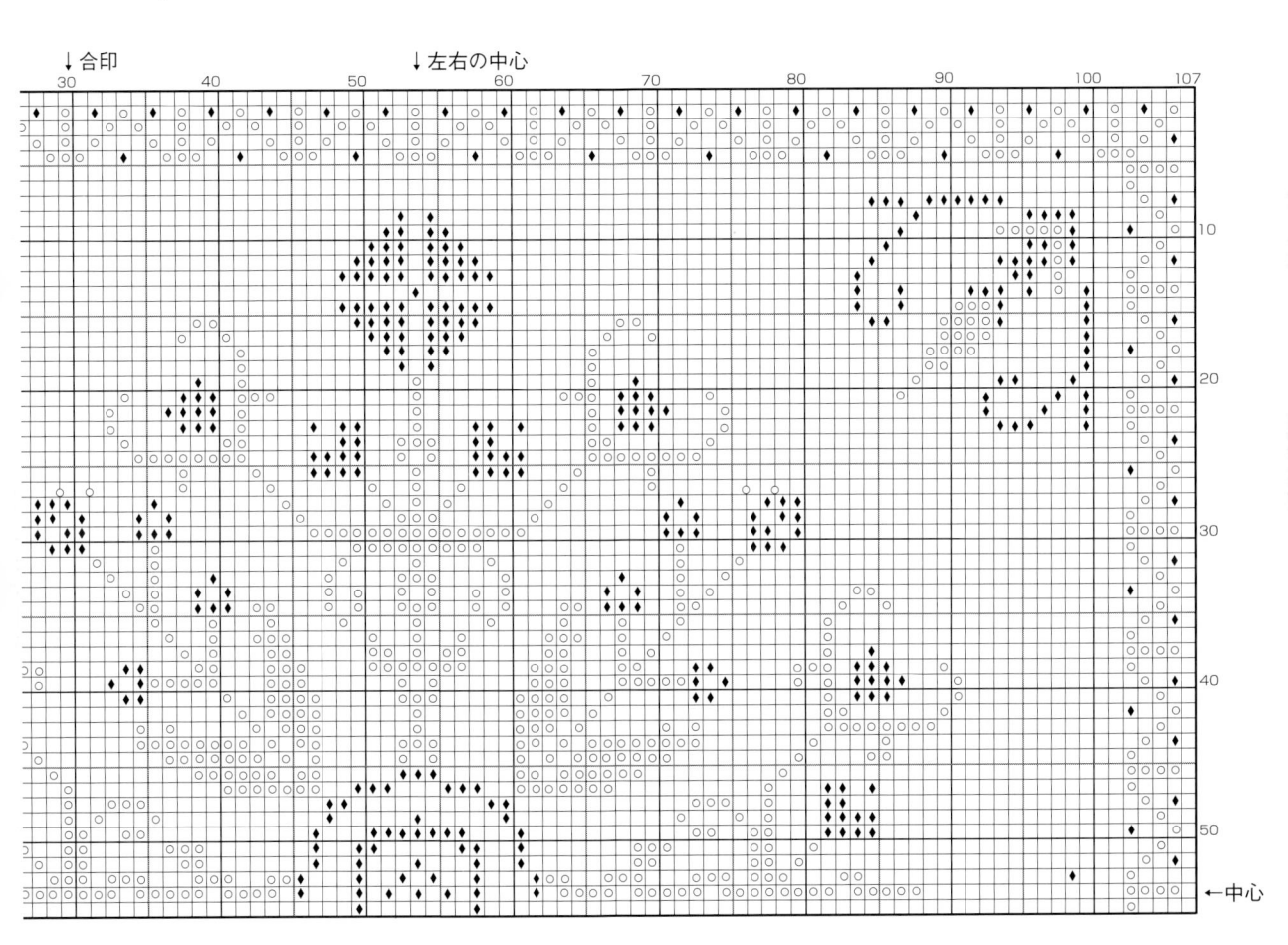

↓合印　↓左右の中心

←中心

55段以上は、53〜1までを繰り返す

シェーヌ・ベールのバッグ

●カラー口絵12ページ

作り方の要点
図面は片面分なので、85段以降は84から1に戻るように織り進めます。織り上がったら、織り地上下の糸始末の前に、マチ部分の縦糸をバッグの底方向に引き、半分に切ってそれぞれ織り地に糸始末します。マチ下部は底側面1段に、マチ底部1目を合わせてとじます。

目数・段数 126目×168段
寸法 12.5cm×16cm×2.5cm（マチ）
縦糸 165cm×127本
糸の張り方 ダブル織り（37ページ参照）

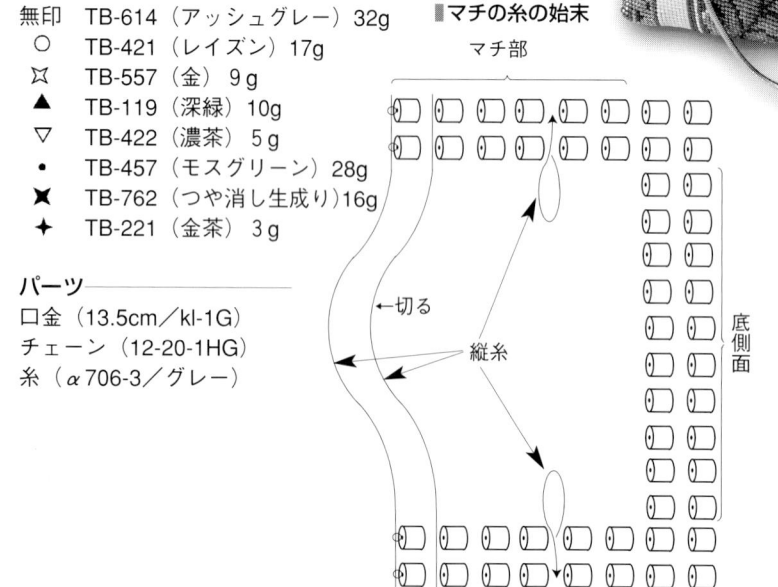

ビーズ
無印	TB-614	（アッシュグレー）	32g
○	TB-421	（レイズン）	17g
☆	TB-557	（金）	9g
▲	TB-119	（深緑）	10g
▽	TB-422	（濃茶）	5g
•	TB-457	（モスグリーン）	28g
✖	TB-762	（つや消し生成り）	16g
✦	TB-221	（金茶）	3g

パーツ
口金（13.5cm／kl-1G）
チェーン（12-20-1HG）
糸（α706-3／グレー）

■マチの糸の始末

マチ部
←切る
縦糸
底側面

■マチと底のとじ方

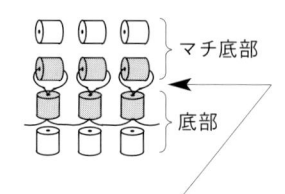

マチ底部
底部

マチ底部1目に底側面1段を合わせてとじる。

■図案全体図

省略部分

省略部分の図案は、左側の図案の反転です。1目から31目と95目から126目は左右対称になります。

天 ← → 地

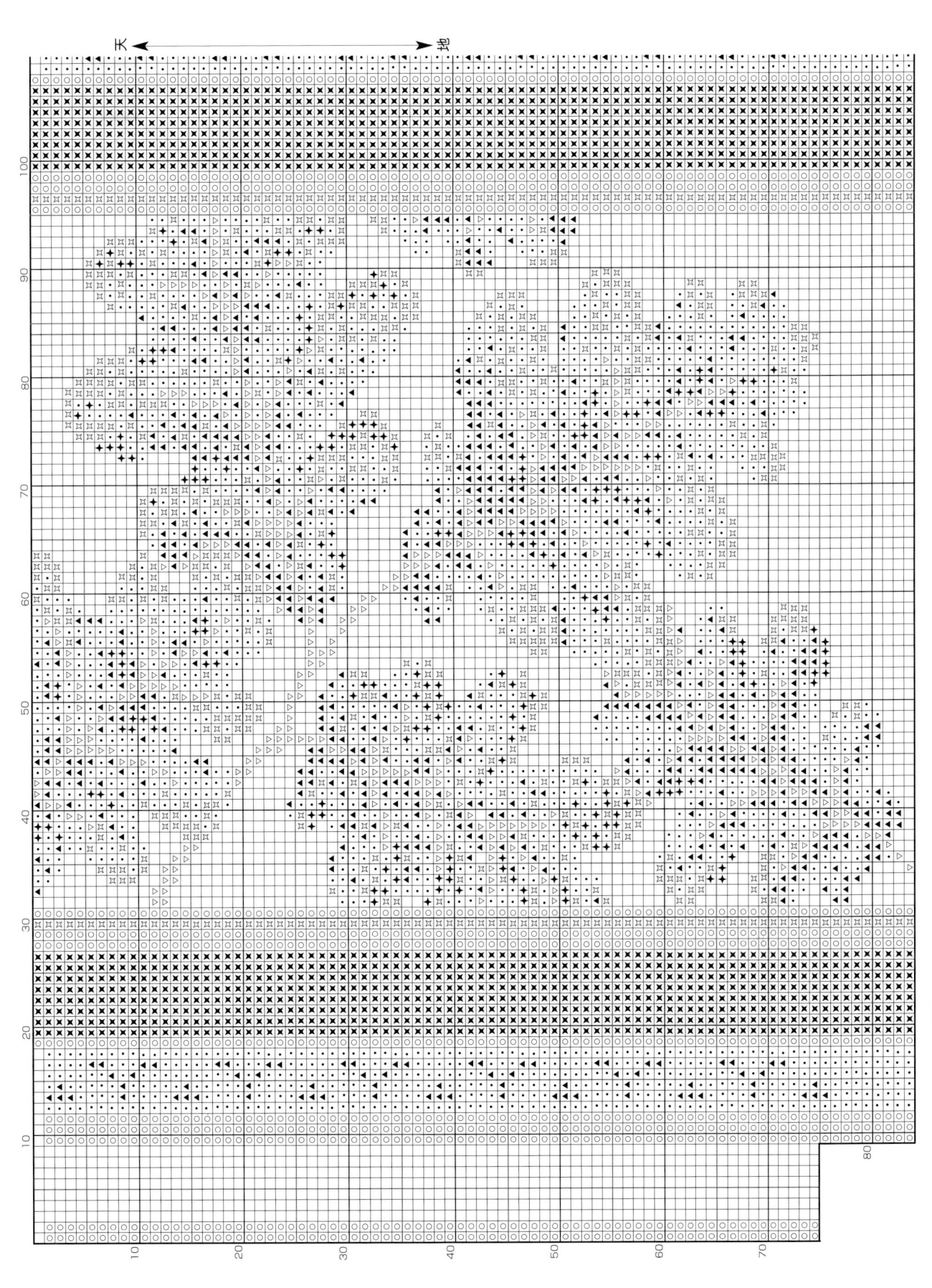

85

水色のポシェット

作り方の要点
はじめ30段と、終わり30段はダブル織りにします。縦糸を引く前に、カーブの縦糸を先に引くと、底はつきます。

目数・段数 99目×（101段×2）202段
寸法 15cm×21cm
縦糸 180cm×100本
糸の張り方 ダブル織り（37ページ参照）

ビーズ
記号	品番	色	量
無印	TB-176	（水色）	120g
▼	TB-782	（濃水色）	20g
○	TB-712	（本金）	2m
◆	TB-82	（紺）	20g
✕	TB-551	（ピンク）	1m
▲	TB-761	（白つや消し）	1m
◇	α6606-43ファイヤポリッシュ（パープルアイリス／6mm） 2個		
◇	白スワロフスキー（4mm）12個		

パーツ
金パール（301／2.5mm）、金の座金（9-16-1G）、キャップ（9-108G）、糸（α706-3／グレー）

ピコットは1〜40段まで、TB-176を5粒で作り、40段目に脇フリンジをつける。

■水色のポシェット肩ひも

水色ポシェットひも
目数・段数 7目×384段
寸法 1cm×110cm
縦糸 1m×（9×2）本
ひも部分は縦糸2本で織る

ビーズ
無印　TB-176（水色）15g

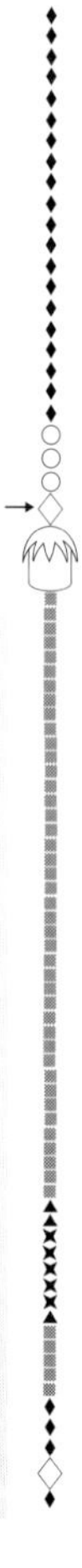

●カラー口絵14ページ

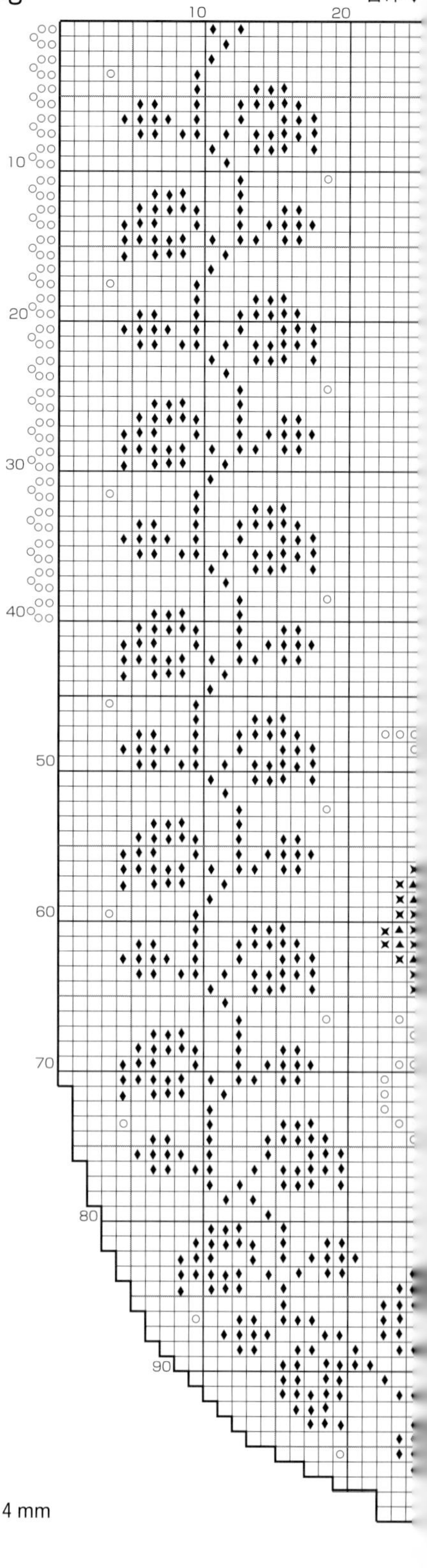

α6606-43
ファイヤポリッシュ
（6mmパープルアイリス）→

■脇フリンジ

20目　TB-82

金パール
（301／2.5mm）
座金9-16-1G
キャップ9-108G

キャップより下を
5本作る
このフリンジを左
右の分を2本作る

42目　TB-176

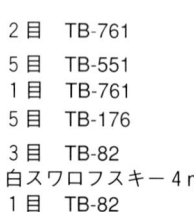

2目　TB-761
5目　TB-551
1目　TB-761
5目　TB-176
3目　TB-82
白スワロフスキー 4mm
1目　TB-82

■全体図

■水色のポシェット

↓合印

ピコット5粒、40段まで

モアレ柄のパーティーバッグ

●カラー口絵15ページ

作り方の要点
口金が小さめですから、とじつけ位置を加減しながらつけます。はじめ30段と終わり30段はダブル織りにします。

目数・段数 100目×(100段×2)200段
寸法 142cm×166cm
縦糸 180cm×101本
糸の張り方 ダブル織り（37ページ参照）

ビーズ
無地 TB-49 （黒）14,011粒
● TB-712（金）1,365粒
○ TB-506（緑）1,841粒
◆ TB-782（ブルー）1,856粒
△ TB-461（紫）1,803粒
✖ TB-25 （赤）1,785粒

パーツ
口金（KS-4G／9.5cm）
ハンドバッグ用チェーン（12-20-1MG）
糸（α707-2／黒）

■フリンジ

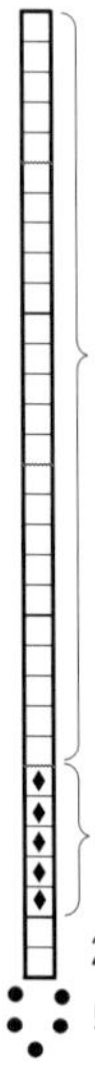

25粒　TB-49

下の5粒のところの色を変えて下の本数を右図の矢印のところにつける。

5粒　TB-506(49本)・TB-782(50本)・TB-461(47本)・TB-25(47本)
2粒　TB-49
5粒　TB-712

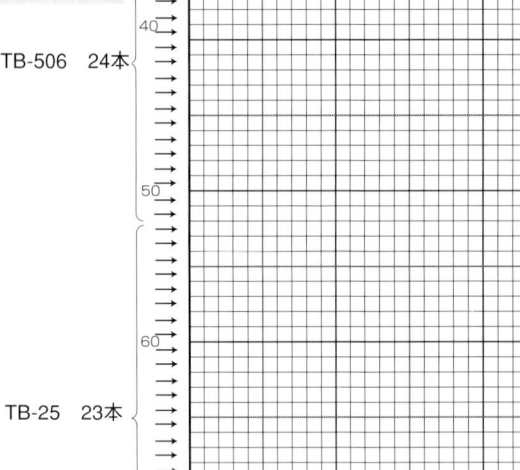

TB-506　24本
TB-25　23本
TB-461　24本

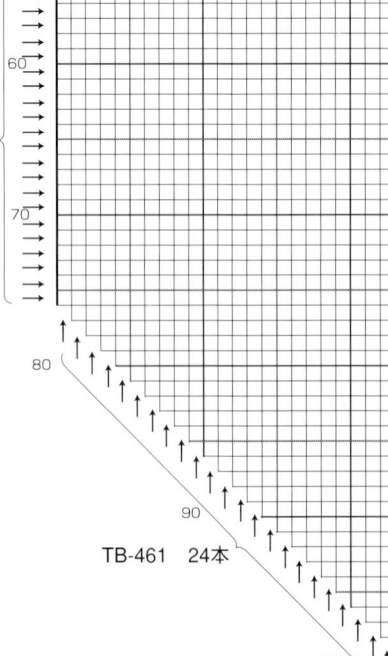

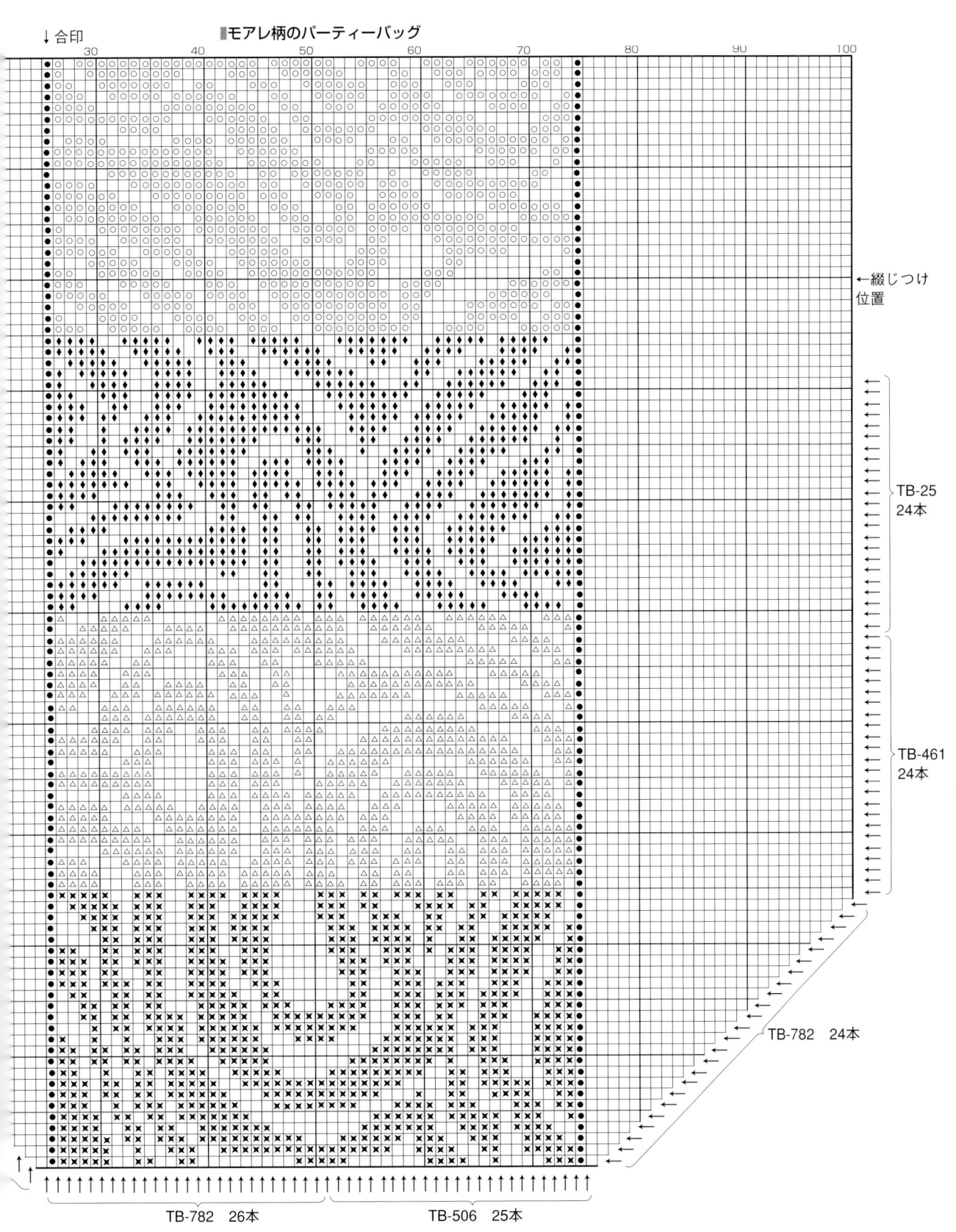

■モアレ柄のパーティーバッグ

↓合印　　　綴じつけ位置

TB-25　24本
TB-461　24本
TB-782　24本
TB-782　26本
TB-506　25本

おひな様

作り方の要点
それぞれのパーツを織り上げ、組み立てていきます。
目数・段数 73目×58段
寸法 11cm×17cm　仕上がり寸法　7.5cm×6cm
縦糸 160cm×74本　男雛：青　女雛：白
糸の張り方 ダブル織り（37ページ参照）

パーツ
α521、α513、メタルリーフ、工作用紙、紙粘土（顔）
座金（9-16-2G）、女雛糸（α705-4／ベージュ）
男雛糸（α705-5／紺）

織り図の通り、前身頃と後見頃を1度にまとめて織る。糸引きのときにはダブルの糸の下側を引き、身頃の中心に糸のゆとりを作る。この糸を切り、袖の部分に糸始末をする。前身頃部分は、隣同士の糸を結びビーズがほつれないように糸始末をし、袖を重ねて形を整える。円錐形に丸めたキルト芯の中央に顔をつけ、楊枝をつけて差し込む。首の部分は縦糸を2本ずつ、織り地を織るときに引き寄せてしまう。

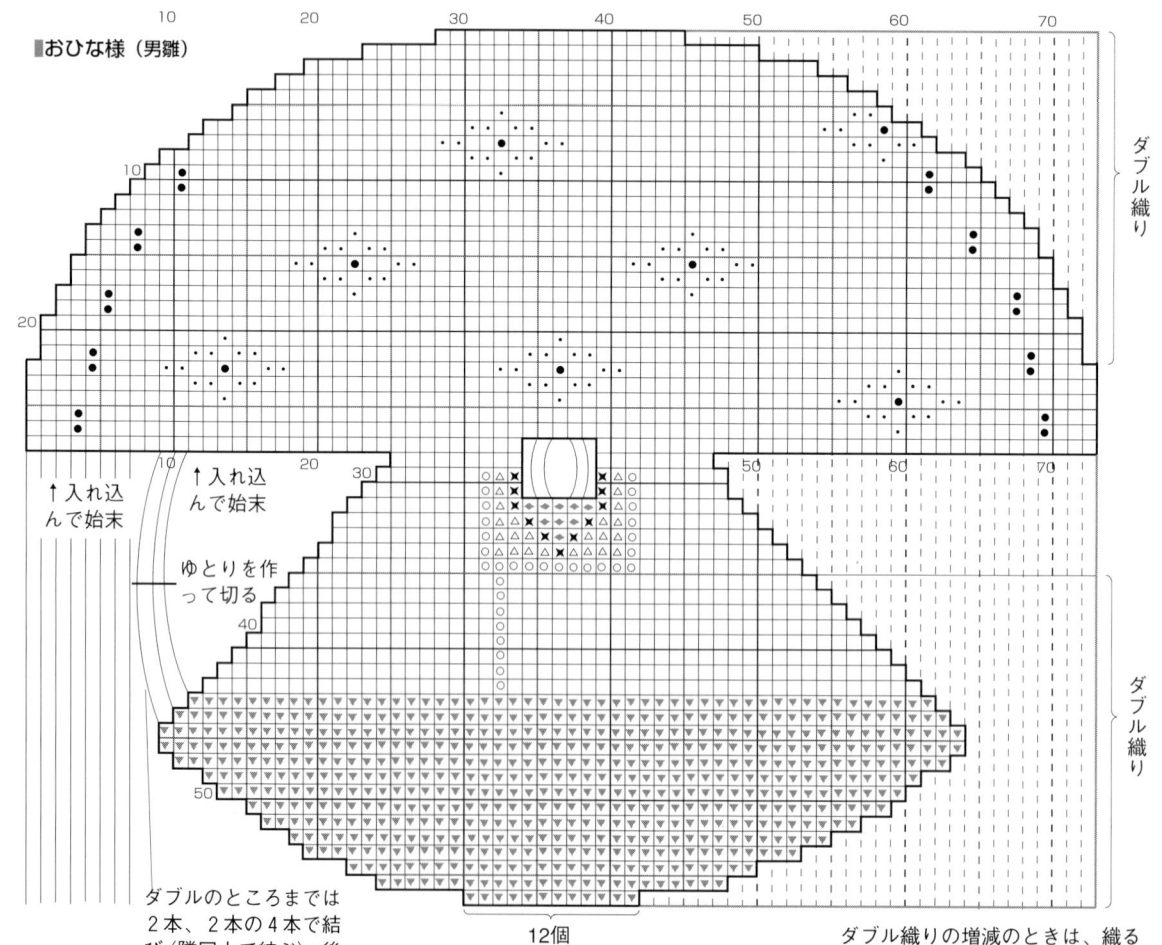

●表2

■おひな様（男雛）

↑入れ込んで始末
↑入れ込んで始末
ゆとりを作って切る

ダブル織り

ダブルのところまでは2本、2本の4本で結び（隣同士で結ぶ）、後は1本、1本でしっかり結んで切る

12個
ダブル織り（37ページ参照）この部分は縦糸をダブルにする前に1段織っておく（止め織り）

ダブル織りの増減のときは、織る両端の縦糸（ダブルになっている）2本の間に針を入れる。入れないで織ると糸を引いたとき糸が抜けてしまう

■男雛髪　止め棒使用

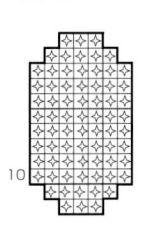

髪の毛の部分、結い上げのように、きれいにボンドをつけて仕上げる。

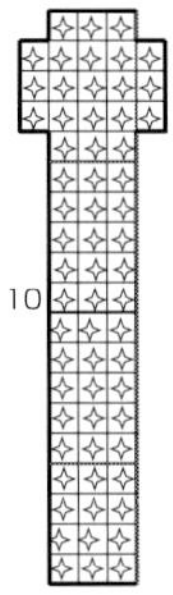

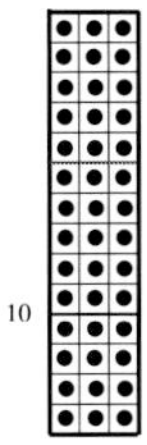

■女雛おすべらかし　止め棒使用

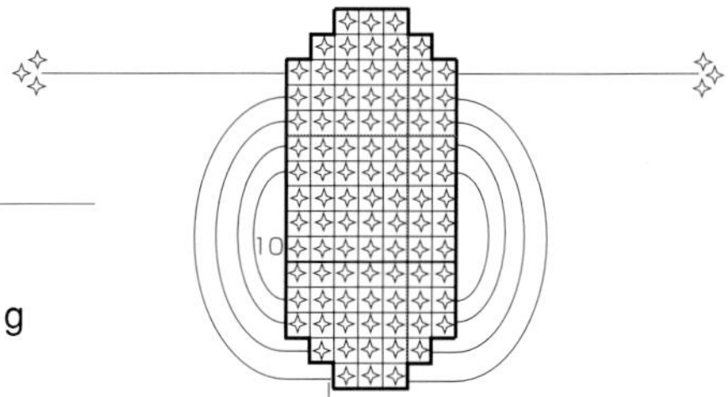

男雛と同じように織り、少しふっくらと仕上げる。周りには、中央から順に10目、15目、20目、35目とフリンジ状にビーズを渡しておすべらかしのようにする。下には50目のフリンジを5本作り、後ろ髪が長く見えるようにつける。上の左右に15目のフリンジを作り、横に1本ずつ垂らして前髪にし、頭上に座金をつけて仕上げる。

ビーズ（男雛）

記号	品番	色	分量
無印	TB-408	（青）	15g
・	TB-222	（銅ラスター）	1g
○	TB-29	（銀）	1g
△	TB-741	（銅）	1g
✖	TB-714	（ニッケル）	1g
◆	TB-161	（白オーロラ）	1g
▼	TB-611	（グレーつや消し）	5g
●	TB-712	（本金）	1g
✧	TB-49	（黒）	1g

■おひな様（女雛）

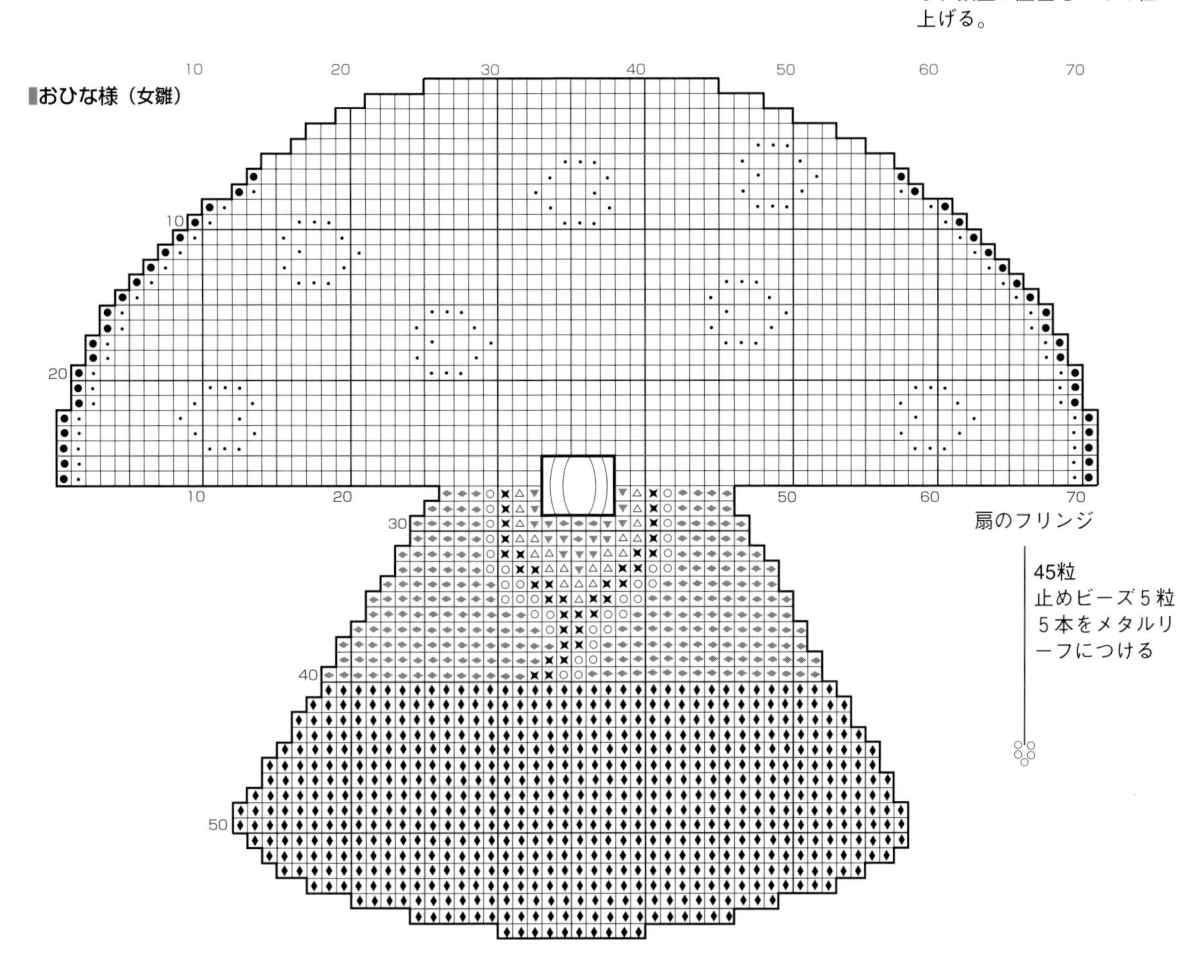

扇のフリンジ
45粒
止めビーズ5粒
5本をメタルリーフにつける

ビーズ（女雛）

記号	品番	色	分量
無印	TB-780	（ピンク）	10g
◆	TB-564	（エンジ）	5g
◇	TB-777	（白）	3g
○	TB-405	（赤）	1g
✖	TB-714	（ニッケル）	1g
△	TB-741	（銅）	1g
▼	TB-779	（ピンク）	1g
✧	TB-49	（黒）	3g
●	TB-712	（本金）	1g
・	TB-222	（銅ラスター）	1g
	TB-701	（金）	
	TB-48F	（紺つや消し）	
	TB-36	（緑）	
	TB-563	（濃ピンク）	

扇のフリンジ　TB-562（オレンジ）

携帯ストラップ5種

作り方の要点 糸は必要寸法に30cm足した長さに、本数は目数に1本を足した数です。押さえ棒の方法で織り、糸始末をしてジョイントセットを使って仕上げます。

縦糸　62cm

パーツ　ストラップ用ジョイントセット（ゴム製）（No.6-3-11）

●カラー口絵21ページ

ストラップⒶ
目数・段数　6目×188段
寸法　0.9cm×15cm
ビーズ
- 無印　TB-41　（白）93個
- ○　TB-50F（濃オレンジつや消し）146個
- △　TB-43F（ブルーつや消し）64個
- ▼　TB-42F（黄つや消し）50個
- ✖　TB-49　（黒）111個
- •　TB-48F（濃ブルーつや消し）64個
- ◆　TB-939F（濃グリーンつや消し）36個

パーツ——糸（α705-1／白）

ストラップⒷ
目数・段数　5目×188段
寸法　0.8cm×15cm
ビーズ
- 無印　TB-763（ベージュ）135個
- △　TB-824（モスグリーン）12個
- ○　TB-712（金）5個
- ▼　TB-45（赤）12個
- ✖　TB-54（ピンク）24個
- ●　TB-48F（紫つや消し）12個

パーツ——糸（α705-4／ベージュ）

ストラップⒸ
目数・段数　5目×188段
寸法　0.8cm×15cm
ビーズ
- 無印　TB-21（透明銀）13個
- ○　TB-145（淡ピンク）13個
- ✖　TB-922（淡紫）13個

パーツ——糸（α705-1／白）

ストラップⒹ
目数・段数　5目×188段
寸法　0.8cm×15cm
ビーズ
- 無印　TB-712（金）17個
- ○　TB-45F（赤つや消し）4個
- ✖　TB-48F（濃ブルー）4個

パーツ——糸（α705-5／紺）

ストラップⒺ
目数・段数　5目×94段
寸法　0.8cm×15cm
ビーズ
- 無印　TB-21（透明銀）28個
- ○　TB-45F（赤つや消し）8個
- ✖　TB-48F（濃ブルーつや消し）14個

パーツ——糸（α705-1／白）

←中央　※Ⓑ〜Ⓔのビーズの量は1模様のビーズの量です
Ⓐは半分の長さが1模様

ピンクのバラのランプシェード

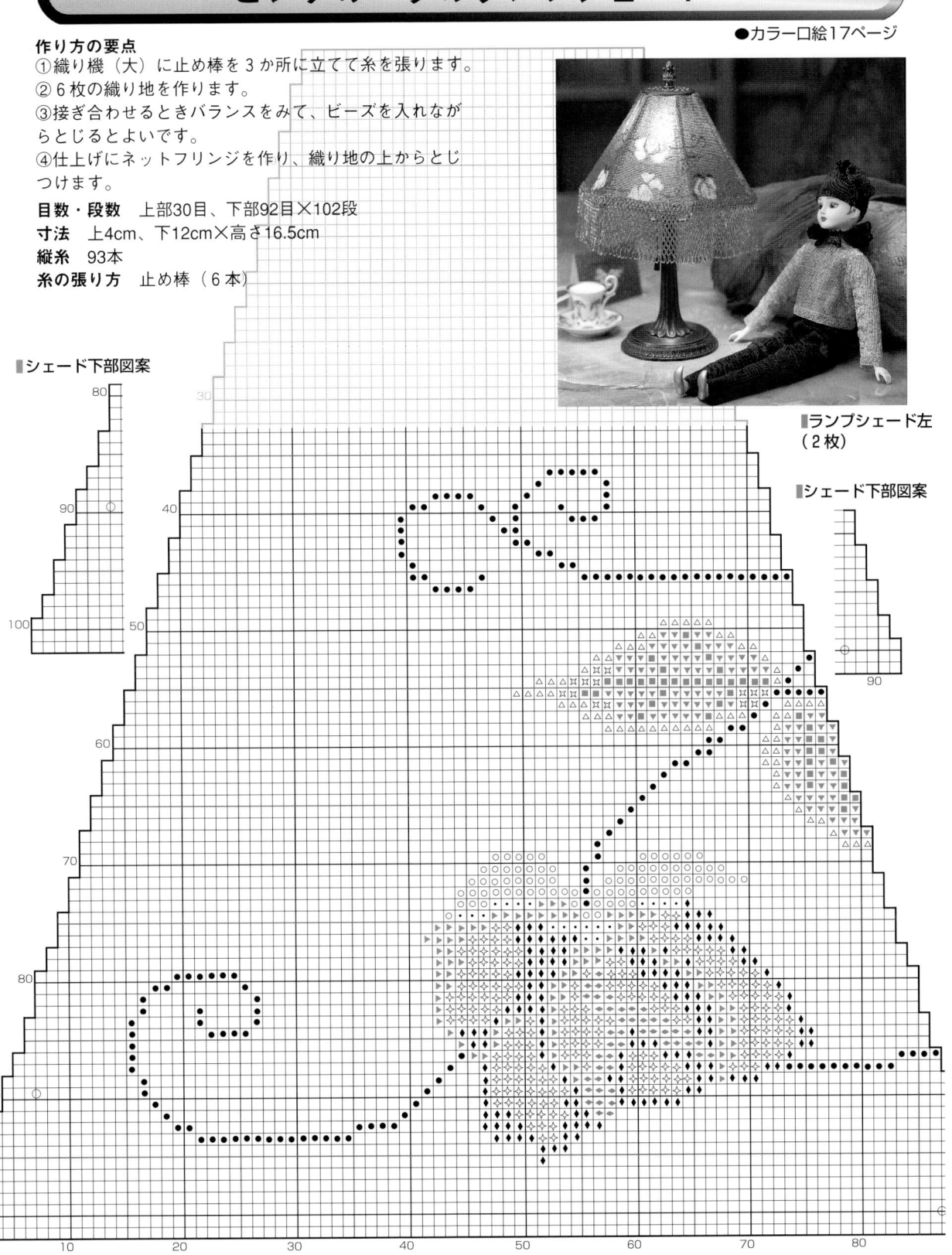

●カラー口絵17ページ

作り方の要点
①織り機（大）に止め棒を3か所に立てて糸を張ります。
②6枚の織り地を作ります。
③接ぎ合わせるときバランスをみて、ビーズを入れながらとじるとよいです。
④仕上げにネットフリンジを作り、織り地の上からとじつけます。

目数・段数 上部30目、下部92目×102段
寸法 上4cm、下12cm×高さ16.5cm
縦糸 93本
糸の張り方 止め棒（6本）

■シェード下部図案

■ランプシェード左（2枚）

■シェード下部図案

ビーズ

記号	品番	色	量
無印	TB-774	(オーロラ青紫)	270g
●	TB-707	(茶系グリーン)	6g
△	TB-939	(深いグリーン)	3g
◉	TB-171D	(ピンク)	1g
✧	TB-37	(オリーブグリーン)	46粒
▲	TB-780	(薄ピンク)	2g
✧	TB-191	(ピンク)	12g
◆	TB-54	(不透明ピンク)	6g
✕	TB-145	(薄ピンク)	2g
○	TB-506	(明グリーン)	2g
◆	TB-401	(オーロラ白)	3g
・	TB-405	(オーロラ赤)	3g
▼	TB-108	(緑)	3g
▶	TB-785	(オーロラピンク)	6g
▽	TB-784	(オーロラピンク)	2g
✦	TB-290	(薄ピンク)	1g
▦	TB-708	(金茶系グリーン)	1g

パーツ

糸（α707-3／グレー）

■ランプシェード中（2枚）

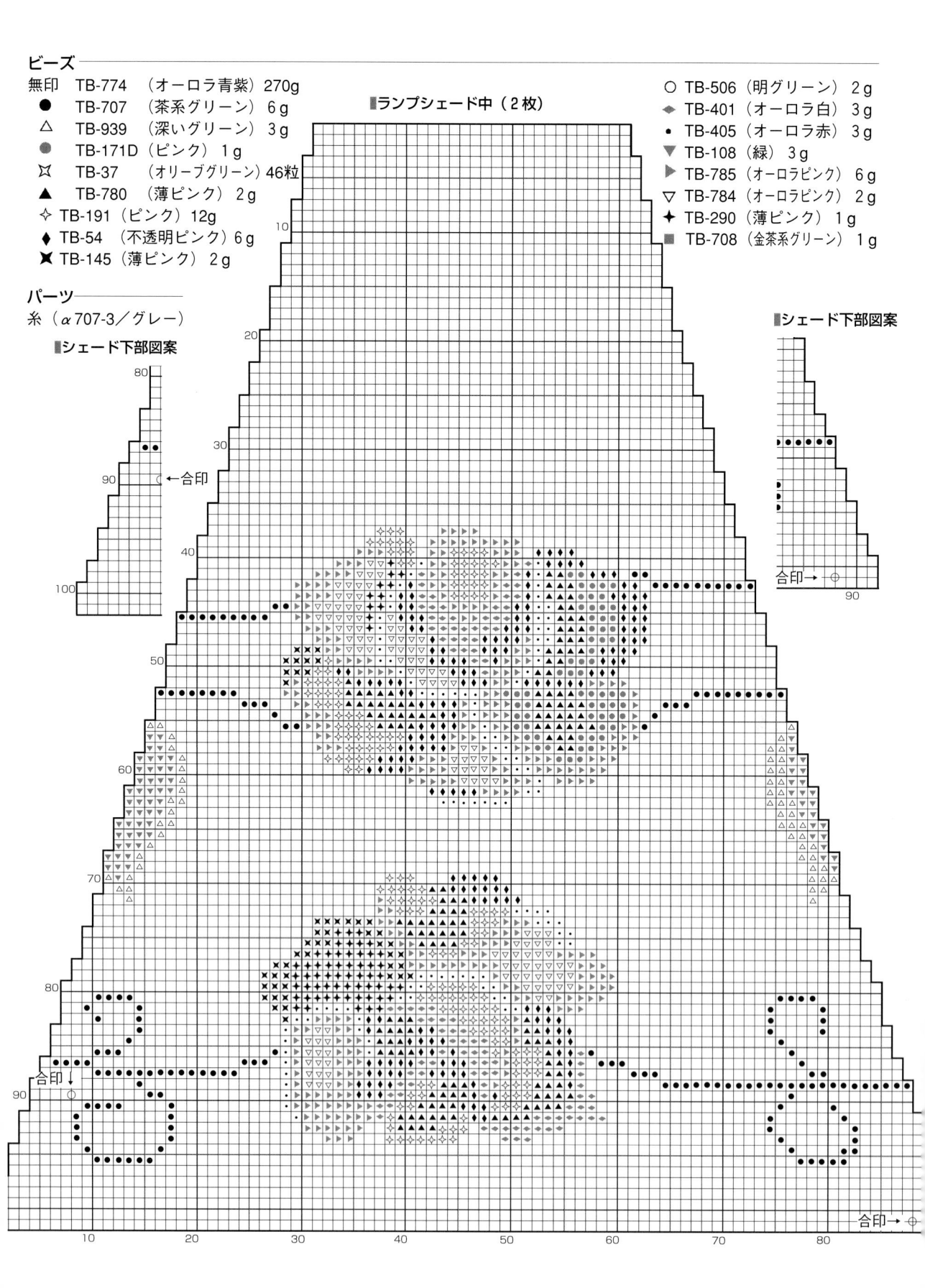

■シェード下部図案

■シェード下部図案

←合印

合印→

合印↓

合印→

■シェード下部図案　■ランプシェード右（2枚）　　　　　　　　　　　　　　　　　　　■フリンジの作り方

■ランプシェード右全体図

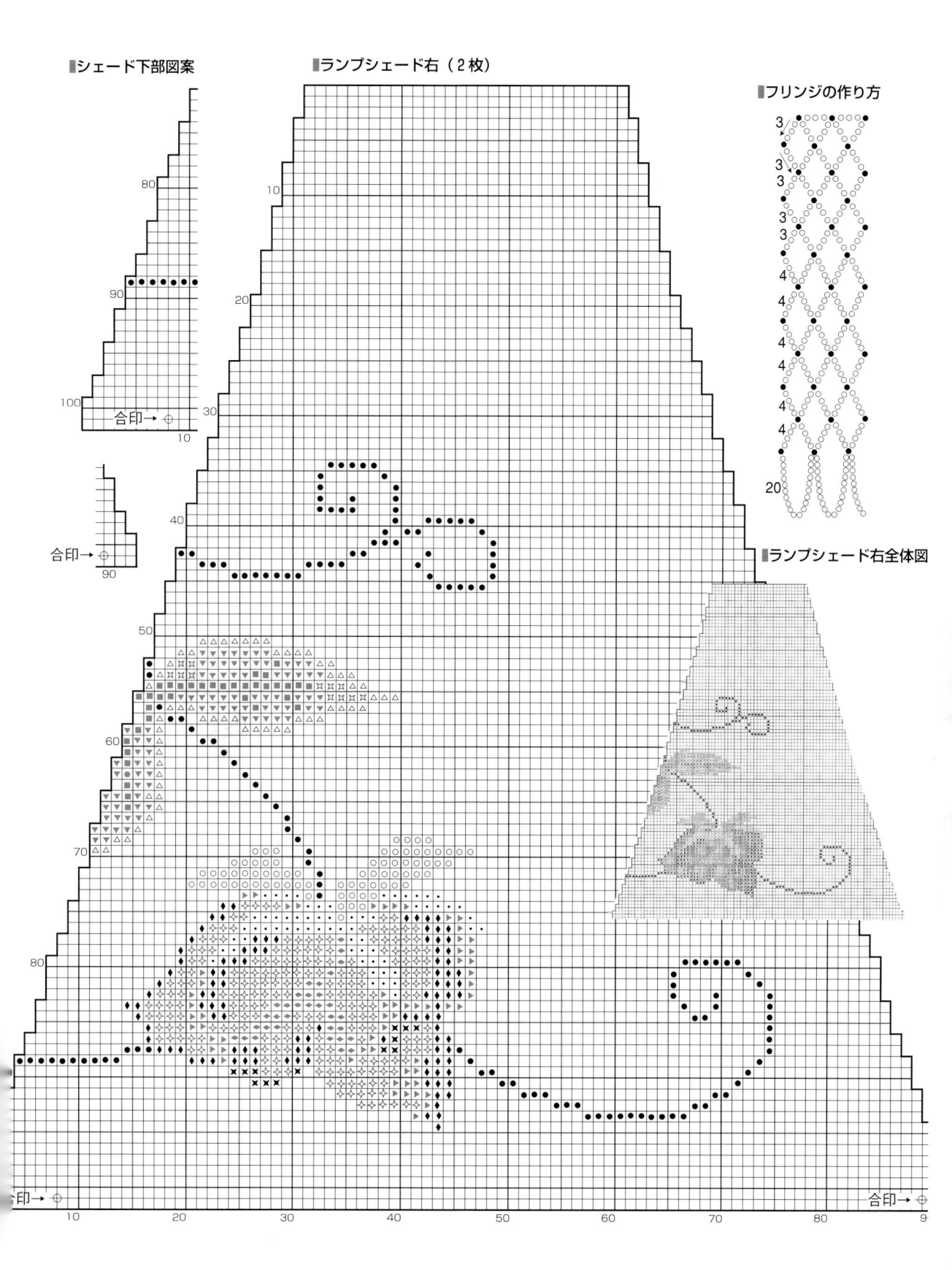

古典ビーズ刺繍を佐久間キク先生に学ぶ。
日本通信教育社より、ビーズ手芸とビーズ刺繍の通信指導をする。
トーホー(株)の企画デザイン、インストラクターとして長年勤める。
現在カルチャースクール、手芸教室において、ビーズ手芸、ビーズ織り、七宝工芸を指導。
現在　日展作家として活躍
全国手工芸推進協会会長
全日本七宝工芸講師会理事長
CKIドイツ国際美術日本代表
他県美術会および他美術会の委員および審査員を勤める
著書　「ビーズ織りのバック」(主婦と生活社)
　　　「ビーズ遊び」(日本ヴォーグ社)
　　　他七宝の本を出版

三浦 明子(みうら あきこ)

制作協力者
小井千寿穂・小林　和恵・小林　洋子・小池　玲子・阿部　正子・板橋美代子・岩男　久子・川端　照美
佐久間なほみ・菊池　幸子・久保田陽子・武井　房江・田村　登和・野口紀代子・西原　秀子・中野　照美
長井　恭子・寺門　悦子・星野佐恵子・富岡　通江・細野悠理子・檜貝　俊子・浜口多喜恵・千葉きよ子
関本　節子・高野　雪子

協力
トーホー株式会社
本　　　社／広島県広島市西区三篠町2丁目19-6　〒733-0003
　　　　　　TEL(082)237-5151(代)　FAX(082)238-0032
東京営業所／東京都台東区柳橋1丁目9-11　〒111-0052
　　　　　　TEL(03)3862-8548(代)　FAX(03)3851-9787
大阪営業所／大阪府大阪市福島区海老江5丁目2-17　〒553-0001
　　　　　　TEL(06)6453-1782(代)　FAX(06)6454-0560
　　　　　　http://www.toho-beads.co.jp/

指導教室および、本書の問い合わせ先 (ビーズ織り・ビーズ手芸教室・通信教育・ビーズバッグの仕立てもいたしております。お気軽にお問い合わせください。)
全国手工芸推進企画株式会社
サン・び〜どる／〒111-0052　東京都台東区柳橋1-12-2
　　　TEL(03)3861-9322　FAX(03)5820-9794
　　　http://www.sun-beadle.com/　E-mail：info@sun-beadle.com

―華麗なグラスビーズ―
おしゃれなビーズ織りを楽しむ

監　修　三浦　明子(みうら あきこ)
発行者　田波　清治
発行所　株式会社マコー社
　　　　〒113-0033 東京都文京区本郷4-13-7
　　　　TEL　東京(03)3813-8331
　　　　FAX　東京(03)3813-8333
　　　　郵便振替／00190-9-78826
印刷所　大日本印刷株式会社

© Akiko Miura 2002
Printed in Japan

平成14年11月6日　初版発行

定価はカバーに表示してあります。落丁・乱丁その他不良の品は弊社でお取り替えいたします。
ISBN4-8377-0202-3